성막에서
예배를 배우다

성막에서 예배를 배우다

지은이 | 유진소
초판 발행 | 2020. 10. 14
2 쇄 발행 | 2020. 10. 20
등록번호 | 제1988-000080호
등록된 곳 | 서울특별시 용산구 서빙고로 65길 38
발행처 | 사단법인 두란노서원
영업부 | 2078-3352   FAX | 080-749-3705
출판부 | 2078-3331

책값은 뒤표지에 있습니다.
ISBN 978-89-531-3856-8 03230 Printed in Korea

독자의 의견을 기다립니다.
tpress@duranno.com www.duranno.com

두란노서원은 바울 사도가 3차 전도여행 때 에베소에서 성령 받은 제자들을 따로 세워 하나님의 말씀으로 양육하던 장소입니다. 사도행전 19장 8-20절의 정신에 따라 첫째 목회자를 돕는 사역과 평신도를 훈련시키는 사역, 둘째 세계선교(TIM)와 문서선교(단행본·잡지) 사역, 셋째 예수문화 및 경배와 찬양 사역, 그리고 가정·상담 사역 등을 감당하고 있습니다. 1980년 12월 22일에 창립된 두란노서원은 주님 오실 때까지 이 사역들을 계속할 것입니다.

성막에서
예배를 배우다

언택트 시대

우리는 어떻게
예배할 것인가

유진소 지음

두란노

CONTENTS

    코로나19로 인한 대면 예배의 중단은 한국 교회에 그야말로 충격이었습니다. 어쩔 수 없이 영상으로 비대면 예배를 드리면서, 수많은 성도들이 일종의 영적인 문화 충격에 빠져 너무나 혼란스러워했습니다. '이래도 되는 것일까? 예배를 이렇게 드려도 괜찮은 것인가?' 하지만 상황이 어쩔 수 없다 보니 원치 않게 예배의 가치에 대한 타협들이 일어나면서 정말 많은 성도들이 영적인 대미지(damage)를 신앙 가운데 입게 되었습니다.

    그러나 이런 갈등과 충격 가운데서 그래도 성령님이 행하신 놀라운 일들이 성도들 가운데 일어나기 시작했는데, 그것은 바로 '참된 예배에 대한 고민'이었습니다. '무엇이 참되고 바른 예배인가? 어떻게 예배하는 것이 우리 하나님이 원하시는 예배인가? 예배를 정말 예배 되게 하는 요소는 무엇인가? 예배의 본질은 무엇인가?' 그동안 예배라고 하면 가장 먼저 떠오르던 것들이 무너지면서, 오히려 참된 예배에 대한 고민이 시작된 것입니다. 예배당에 모여서 함께 찬양하고 기도하고 말씀 듣는 것을 예배라고 생각했던 그 생각이 무너지면서, '그러면 진짜 예배란 무엇인가?'라는 고민을 하게 된 것이 어떻게 보면 하나님의 뜻일 수도 있다는 생각을 합니다. 이 고난 가운데서 오히려 우리가 축복을 받도록 하시는 그 귀한 뜻 말입니다.

바로 그래서 성막과 예배를 생각합니다. 하나님이 당신의 택하신 백성으로 하여금 예배하는 공동체가 되도록 하기 위해 친히 디자인하고 성령에 감동된 사람들에 의해 제작되도록 이스라엘 백성의 진 한가운데 세우셨던 바로 그 성막 말입니다. 왜냐하면, 성막은 바로 지금 이 시대에 우리가 겪고 있고 가지고 있는 예배의 고민 자체를 그대로 다 가지고 있기 때문입니다.

성막은 보이는 것입니다. 이스라엘 백성의 진 한복판에 눈에 잘 보이게 세워져 있는 회막입니다. 그리고 그 성막의 모든 것은 예배를 드리기 위해 만들어지고 준비된 것입니다. 그래서 누구든지 성막을 보면 예배를 떠올리게 되고, 예배는 그런 것이라는 그림을 그리게 되는 것입니다. 하지만 같은 이유로 성막은 예배의 가장 심각한 위협 또한 될 수 있습니다. 보이는 그것에 참된 예배가 갇혀 버리는 일이 있기에 말입니다. 마치 뾰족한 첨탑과 그 위에 십자가가 있어야 교회라고 생각하는 틀 안에 공동체라는 정말 중요한 교회의 생명력이 갇혀 버린 것처럼 말입니다. 또한 손을 모으고 눈을 감아야 기도라고 생각하는 고정 관념에 진짜 기도의 본질이 갇혀 버린 것처럼 말입니다.

하나님은 성막을 그렇게 주신 것이 아닙니다. 하나님은 성막을 결코 어떤 건물로 디자인하지 않으셨습니다. 또한 성막을 세우면서 백성 가운데 거룩한 감동을 주셔서 필요한 모든 것을 가져오게 하시고, 성령에 감동된 사람들을 통해 그 모든 것을 만들어 세우도록 하신 것은 절대로 하나님이 공사 감독을 하셨음을 말하는 것이 아닙니다. 그때 하나님이 백성에게 허락하신 감동은 어떤 물건이나 기술에 대한 감동이 아니라, 예배에 대한 감동이고, 거룩함에 대한 감동이었습니다. 그러므로 하나님이 성막을 세우면서 주신 메시지는 건물이나 기구들에 있는 것이 아니라, 바로 예배의 본질에 있었습니다. 참된 예배가 무엇인지를 말씀해 주셨던 것입니다.

그렇기에 성막이 성경에 나오는 것입니다. 그 성막의 전체적인 디자인과 그 안에 있는 모든 기구들 그리고 그것을 만들어 세우는 과정들이 자세히 나오는 것은, 그것이 바로 예배의 메시지이기 때문입니다. 그 모든 것의 규격과 모양 그리고 재료 등은 실제로 이스라엘 백성이 성막을 세우기 위해 꼭 필요한 지침인 동시에, 거기에 정말 중요한 예배의 메시지가 그대로 담겨 있기에 그 모든 것이 그대로 성경에 기록되어 있는 것입니다. 다시 말하지만, 성막의 이 모든 이야기가 건물을 세우는 내용에 불과하다면 성경에 기록될 이유가 없습니다. 그러니까 성막은 성도들에게 너무나도 중요한 것입니다. 예배의 본질을 찾아야 하기 때문입니다.

저는 J. 로우(Rouw)가 쓴 《황금의 집》(전도출판사 역간)이라는 책을 처음 읽은 후 성막에 깊은 관심을 갖기 시작했습니다. 거기에 무엇인가 놀라운 것이 있다는 확신을 가지고 나름 성막을 찾고 연구했습니다. 그러면서 성막을 실제로 만들었다는 곳을 방문할 기회가 생기면 놓치지 않고 가서 보았습니다. 그러나 그 모든 곳에 가서 공통적으로 느낀 것은 실망감이었습니다. 일단 머릿속으로 상상하던 것을 실물로 볼 때 느끼게 되는 그 실망감이 들었습니다. 마치 고등학교 때 《바람과 함께 사라지다》라는 마거릿 미첼(Margaret Mitchell)의 소설을 읽고 여자 주인공인 스칼렛 오하라의 매력에 완전히 마음을 빼앗긴 적이 있었는데, 나중에 소설을 영화로 만든 것을 보면서 거기에 나온 스칼렛의 모습에 너무 실망했습니다. 그 스칼렛의 역할을 세기의 미녀 배우 비비언 리(Vivien Leigh)가 했음에도 말입니다. 이처럼 우리의 상상 속에 있는 것이 실물로 나타나면 인간은 실망할 수밖에 없는 것입니다.

재현된 성막을 보면서 제가 실망했던 것은 단지 그것이 상상 속에서 그리던 것보다 너무 못해서 그런 것만이 아니라, 성경이 말하는 진짜 메시지를 그 재현된 성막의 모습 속에서는 찾을 수 없었기 때문입니다. 아무리 호화롭고 번쩍거리게 그리고 신비롭게 만들었다 해도, 그것이 예배의 가치와 심오한 의미를 전혀 나타내지 못했기 때문입니다. 그 규격과 모습 가운데 담긴 심오한 예배의 메시지를 재현된 성막의 모습만 보고는 알 수가 없었던 것입니다.

저는 언제부터인가 유명한 관광지나 명소에 방문하는 것을 그렇게 즐기지 않게 되었습니다. 이유는 별로 감동이 되지 않기 때문입니다. 그 엄청나다는 그랜드 캐니언도 처음엔 '와' 하면서 사진 몇 장 찍고는 이내 다리 아프다고 생각하면서 피곤하게 돌아다니다 왔을 뿐입니다. 그런데 그 후 '창조 과학 탐사 여행'이라는 것을 만들어 창조 과학 전문 사역자를 모시고 성도들과 함께 가장 먼저 그랜드 캐니언을 다녀오게 되었는데, 그곳이 노아 홍수의 한 증거인 동시에 하나님의 천지 창조의 비밀을 그대로 보여 주는 성경적인 창조의 증거임을 듣고, 거기에서 살아 계신 창조주 하나님을 예배하면서 받은 그 감동은 말로 다 표현할 수 없습니다. 동일한 곳이었지만 이렇게 달랐던 것은, 바로 그곳에서 창조주의 메시지를 받았기 때문입니다.

성막의 핵심은 예배입니다. 성막의 핵심은 예배하는 공동체입니다. 그리고 성막의 핵심은 그 예배 자체인 예수 그리스도이십니다. 그러므로 성막을 대하는 자들은 그 성막을 만들라 하시고 그것을 만들어 그들 가운데 두신 하나님, 그리고 그분이 여전히 말씀하시는 그 예배의 본질을 찾기 위해 무던히 애쓰며 싸워야 합니다. 그 나타난 모습에 매이지 않도록, 그것 때문에 참된 예배의 본질이 훼손되지 않도록 말입니다.

이제 성막 가운데 담겨 있는 예배의 메시지를 함께 나누기 원합니다. 나름대로 애쓰고 노력했음에도 여전히 그 중요한 메시지를 제대로 전달하지 못한 것 같아 안타깝지만, 그럼에도 불구하고 성령님이 우리의 심령

가운데 친히 감동하셔서 그 길잡이는 될 수 있지 않을까 기대를 해 봅니다. 참된 예배의 메시지는 성령님이 각 사람에게 친히 감동하시지 않고는 전달될 수 없기에, 어렵지만 기대가 되는 것입니다. 왜냐하면 살아 계신 성령님이 이 책을 읽는 모든 사람들에게 친히 감동하시고 말씀하실 것을 믿기 때문입니다.

2020년 10월

유진소 목사

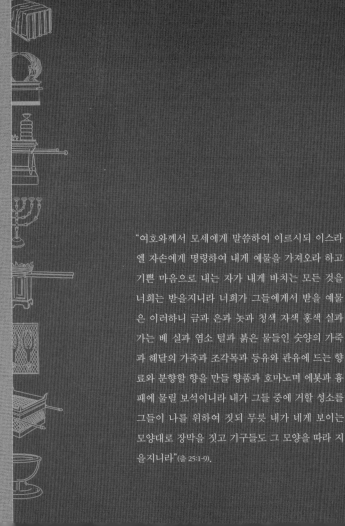

1. 성막

삶으로 드리는
거룩한 예배

"여호와께서 모세에게 말씀하여 이르시되 이스라
엘 자손에게 명령하여 내게 예물을 가져오라 하고
기쁜 마음으로 내는 자가 내게 바치는 모든 것을
너희는 받을지니라 너희가 그들에게서 받을 예물
은 이러하니 금과 은과 놋과 청색 자색 홍색 실과
가는 베 실과 염소 털과 붉은 물들인 숫양의 가죽
과 해달의 가죽과 조각목과 등유와 관유에 드는 향
료와 분향할 향을 만들 향품과 호마노며 에봇과 흉
패에 물릴 보석이니라 내가 그들 중에 거할 성소를
그들이 나를 위하여 짓되 무릇 내가 네게 보이는
모양대로 장막을 짓고 기구들도 그 모양을 따라 지
을지니라"(출 25:1-9).

미국에서 교회를 건축할 때의 이야기입니다. 건축 헌금 작정을 위해 기도하고 광고를 했는데, 예배 후 한 성도님이 저를 찾아왔습니다. 그는 다른 교회에서 교회 건축 때문에 시험에 들어 한동안 교회를 떠나 있었다고 했습니다. 한동안 힘들게 보내다가 이제야 마음잡고 새로운 교회를 찾아 옮겨왔는데, 또 교회를 건축한다 하니 옛 상처가 올라온 것입니다. 그래서 그냥 떠날까 하다가, 그래도 목사님을 만나서 이야기라도 한번 해 보자는 생각에 저를 찾아왔다고 했습니다. 그분은, '필요하다면 교회를 건축해야 한다는 것' 그리고 그것은 '성도들에게 큰 축복이고 특권이라는 것'까지는 동의한다고 했습니다. 그렇다면 무엇이 문제인가 싶었습니다. 그런데 이야기를 듣다 보니, 그 성도님이 상처를 받고 혼란스러웠던 것은 교회 건물을 '성전'이라 하면서 그곳을 하나님이 거하실 하나님의 집이라고 강조하는 데 있었습니다. 하나님이 거하실 집이니 성도들이 살고 있는 집보다는 더 좋아야 한다고, 그러니 자기 집이 있는 사람들은 하나님에게 죄송한 줄 알고 헌금을 힘껏 해야 하며, 교회의 기물들 역시 가장 좋은 것으로 해야 한다고 잘못된 강요를 했던 것입니다. 그러다 보니 혼동이 생긴 것이었습니다. 그분은 이런 강요 앞에 너무 시험이 들고 화가 나서 교회를 떠나게 됐다고 했습니다. 그날 저는 대신 용서를 구하며, 교회 건축과 건물에 대해 성경적으로 정확한 관점과 정의를 설명해 드렸습니다.

교회 건물을 성전이라고 하는 것은 잘못된 표현이 아닙니다. 하나님 앞에 예배드리는 곳은 모두 성전이니 그렇게 말할 수 있습니다. 그런데 그 성전의 개념을 출애굽기에 나오는 성막이나 열왕기에 나오는 솔로몬 성전, 혹은 그 뒤에 있었던 스룹바벨 성전이나 그것을 개축한 헤롯 성전과 동일시하는 데 문제가 있습니다. 사실 동일시하는 것 자체가 문제가 되는 것은 아닙니다. 문제는, 성막이나 성전의 본질에 대한 잘못된 개념을 교회와 동일시한다는 것입니다. 쉽게 말해, 하나님의 아이디어 속으로 인간의 교만과 욕심이 끼어들어서 꼬이고 또 꼬이고 여러 번 꼬인, 옛날에도 꼬인 그것을 지금 또다시 꼬인 마음으로 이용한 복합 꽈배기의 절정으로 이렇게 상처받는 상황들이 나오는 것입니다.

성전은 물리적 공간이 아니다

그러면 이 꼬이고 꼬인 꽈배기는 풀 수 없는 것일까요? 아닙니다. 이것을 풀 수 있는 열쇠가 있습니다. 그것은 바로 '성전은 절대로 하나님이 사시는 하나님의 집이 아니다'라는 개념을 받아들이는 것입니다. 하나님이 사신다고 하니 문제가 생기는 것입니다. 그곳을 특별하고 거룩하게 구별하고, 그 장소로 거룩함이 국한되고 그곳에 인간의 각종 치장이 붙으면서 우상화가 되는 것입니다.

성지 순례를 가면 제일 열 받고 속 터지는 것이 있습니다. 매우 중요한 성지를 마치 절간과 같이 만들어 놓은 것입니다. 한 예로 골고다 언덕에 위치한 성묘교회를 들 수 있는데, 마치 절간처럼 화려하게 기념 교회를 지어 놓았습니다. 한번은 거기서 이런 기도를 드렸습니다. "주님, 제게 힘을 주시면 이것 한번 신나게 때려 부수고 싶습니다." 성전을 정화하셨던 예수님의 거룩한 분노가 이해되면서, 그 마음이 솟아오르는 것을 느꼈습니다.

성전을 하나님이 거하실 집이라고 하는 것은 '성전 우상화'의 핵심적인 독소입니다. 바로 이것이 잘못된 것입니다. 예수님은 성전을 정화할 때 이사야 56장 7절을 인용하셨습니다. "내 집은 만민이 기도하는 집이라 일컬음이 될 것임이라." 예수님은 정확하게 말씀하셨습니다. 그리고 성경은, 제자들이 이러한 예수님의 모습을 보고 "주의 전을 사모하는 열심이 나를 삼키리라"
(요 2:17)라는 시편 69편 9절 말씀을 기억했다고 기록하
고 있습니다. 이처럼 주님은 성전에 대한 정확한 대답
을 보여 주셨습니다.

성전은 중요합니다. 그곳을 향한 열심이 주님을 삼
켜 버릴 만큼 중요합니다. 하지만 그곳은 하나님이 거
하시는 집이어서가 아니라, 하나님의 사람들이 기도하
는 곳이기 때문에 중요한 것입니다. 이것은 솔로몬이
처음 성전을 세우고 봉헌할 때 이미 확실하게 밝히고,
또 밝힌 것입니다.

"하나님이 참으로 땅에 거하시리이까 하늘과 하늘들
의 하늘이라도 주를 용납하지 못하겠거든 하물며 내
가 건축한 이 성전이오리이까 그러나 내 하나님 여
호와여 주의 종의 기도와 간구를 돌아보시며 이 종
이 오늘 주 앞에서 부르짖음과 비는 기도를 들으시옵
소서 주께서 전에 말씀하시기를 내 이름이 거기 있으
리라 하신 곳 이 성전을 향하여 주의 눈이 주야로 보

시오며 주의 종이 이곳을 향하여 비는 기도를 들으시
옵소서 주의 종과 주의 백성 이스라엘이 이곳을 향하
여 기도할 때에 주는 그 간구함을 들으시되 주께서 계
신 곳 하늘에서 들으시고 들으시사 사하여 주옵소서"
(왕상 8:27-30).

다윗도 처음 성전 건축에 대한 마음을 가질 때, 그는
절대로 하나님이 거하실 집을 짓겠다고 한 것이 아닙
니다. "왕이 선지자 나단에게 이르되 볼지어다 나는 백
향목 궁에 살거늘 하나님의 궤는 휘장 가운데에 있도
다"(삼하 7:2). 그는 분명 하나님이 아니라, 하나님의 궤가
거기에 있다고 고백하고 있습니다.

그런데 성전의 오리지널이라 할 수 있는 성막을 보
면, '내가 그들 중에 거할(솨칸) 성소'라고 되어 있다는
데 문제가 있습니다. 그리고 성전에 대한 말씀에는 '하
나님이 거하시다'(야솨브)라는 표현이 자주 등장합니다.
이것을 어떻게 해석해야 할까요?

"내가 그들 중에 거할 성소를 그들이 나를 위하여 짓

되"(출 25:8). 저는 이 말씀에 성막의 핵심이 있다고 믿습니다. 그러나 이것은 절대 어떤 물리적인 거하심을 말씀하신 것이 아닙니다. 하나님은 형상이 아니십니다. 하나님은 물리적인 존재가 아니십니다. 그러므로 하나님은 거하시기 위한 어떤 공간이 필요하지 않습니다.

만일 이 성막이 하나님이 거하실 공간으로 이해된다면, 그것은 정말 실망스러움 그 자체입니다. 첫째는, 하나님의 스케일에 대한 실망입니다. 겨우 가로세로 10×30규빗, 즉 5×15미터(약 22평) 정도의 천막이라니, 아무리 순금으로 치장했다 해도, 그래서 황금의 집이라고 불린다 해도 애굽의 가장 작은 왕의 무덤의 수위실만도 못한 수준이라면 너무나도 실망스럽습니다. 둘째는, 하나님의 속성에 대한 실망입니다. 자신의 집을 짓기 위해 온 백성이 가진 가장 좋은 것들을 거두어서 그것으로 그 백성의 천막 한가운데 가장 호화로운 천막을 세우는 것은 못된 왕들이나 하는 짓이기 때문입니다. 고대 근동에 흩어져 있는 많은 형편없는 독재자들, 혹은 잡신들과 무엇이 다릅니까?

그런데 아닙니다. 비록 표현은 하나님이 거하실 성소를 지으라고 되어 있지만, 그것은 하나님이 물리적으로 거하실 집을 말하는 것이 아니라, 그것과는 다른 너무나도 중요한 영적 메시지가 들어 있습니다. 그것이 성막의 핵심 메시지입니다.

당신의 삶 중심에 성막을 세우라

"내가 그들 중에 거할 성소를 그들이 나를 위하여 짓되"(출 25:8).

이 말씀 가운데 담긴 성막이 주는 가장 중요한 메시지는 첫째, '하나님이 우리의 삶 가운데 계신다/계시기를 원한다'는 것입니다. 성막은 하늘 높은 어느 신비한 산 위가 아니라, 이스라엘 백성의 거처 한가운데 있었습니다. 바로 하나님이 오셔서 계시겠다고 한 것이 성막입니다. 성막은 레바논의 백향목이나 다른 먼 나라에서 수입한 건축 자재가 아닌, 이스라엘 사람들이 가지고 있는 것으로 그들의 거처와 같은 천막의 모양으로 지어졌습니다.

종종 하나님의 공동체는 세상과 구별되어야 한다는 생각에 어떤 산 위나 광야 한복판과 같은 사람이 살지 않는 곳, 사회로부터 격리된 곳에 있어야 한다는 생각으로 신앙촌을 만드는 사람들이 있는데, 대부분은 이단입니다. 그렇게 따로 떨어진 곳에 신앙촌을 만든다고 거룩함이 나오는 것은 아닙니다. 물론 훈련을 위해 별도의 장소에 가서 잠깐 동안 머물 수는 있지만, 궁극적으로 하나님의 공동체가 이루어지는 곳은 바로 우리의 가장 일상적인 삶의 한복판이고, 그 삶 전체가 거룩이어야 하는 것입니다.

신앙인에게 가장 나쁜 것, 영적으로 교활하다고까지 말할 수 있는 것은 '모드'(mode)를 여러 개 만드는 것입니다. 즉, 방을 여러 개 만들어서 각각 다른 방식으로 살아가는 것입니다. 교회에서의 모드와 직장에서의 모드와 집에서의 모드가 다 달라서, 각각의 상황에서 전혀 다른 모습으로 살면서도 갈등하지 않게 되는 것이 최고의 교활함입니다.

'갈등조차 하지 않는다!' 이것은 갈 데까지 갔다는 것이고, 정말 소망이 없다는 뜻입니다. 그런데 하나님은 그것을 용납하지 않으십니다. 그분이 우리 가운데 거하신다는 것은, 또 거하기를 원하신다는 것은 바로 '너의 모든 삶 가운데 함께 있겠다'는 말씀이고, 바로 그 모든 곳이 하나의 '모드'여야 한다는 것입니다. 교회에서의 모습이 직장에서도, 집에서도, 어울려 노는 오락의 현장에서도 똑같아야 한다는 것입니다. 이것이 바로 성막의 메시지입니다.

둘째, '언제나 하나님이 우리 삶의 중심이어야 한다'는 것입니다. 하나님이 우리 삶 가운데 계신다는 것만으로는 부족합니다. 그분이 언제나 우리 삶의 중심이어야 한다는 것입니다. 성막의 위치는 이스라엘 백성의 한복판이었습니다. 이스라엘 백성의 진 배치를 보십시오. 동쪽에는 유다, 잇사갈, 스불론 지파가, 남쪽에는 르우벤, 시므온, 갓 지파가, 서쪽에는 에브라임, 므

낫세, 베냐민 지파가 그리고 북쪽에는 단, 아셀, 납달리 지파가 있었습니다. 그리고 그 한복판에 성막이 있었습니다. 무슨 뜻입니까? 이것은 의도적인 것입니다. 하나님의 진정한 공동체는 이렇게 하나님이 삶의 한복판에 계셔야 한다는 것입니다. 하나님이 그 삶의 중심이어야 한다는 것입니다.

하나님이 삶의 중심이라면, 거기에는 다음의 세 가지가 있어야 합니다. 첫째는, 존재의 이유와 목적입니다. 무엇 때문에 살아가는지, 무엇 때문에 일을 하는지, 그에 대한 목적과 이유가 있을 때 그것이 중심이 되는 것입니다. 둘째는, 삶의 지침 또는 법입니다. 삶 가운데 해서는 안 되는 것들과 해야 하는 것들의 기준, 힘들어도 해야만 하는 것, 이것을 정할 때 기준이 되는 것을 중심이라고 합니다. 셋째는, 힘의 공급입니다. 살면서 지치고 힘들 때 그것을 이길 힘이 어디서 옵니까? 그 힘이 오는 곳이 바로 중심입니다. 의욕이 나타나며, 기쁨과 즐거움을 주는 것이 바로 중심입니다.

그런데 하나님은 이 모든 것의 대답이 바로 '하나님'

당신이기를 원하십니다. 그것이 하나님의 공동체이고, 그것이 하나님 백성의 거룩한 삶이기 때문입니다. 하나님은 우리 삶의 이유와 목적이 하나님 그리고 그분의 영광이기를 원하십니다. 왜 살아갑니까? 하나님 때문에! 무엇을 위해 삽니까? 하나님의 영광을 위해서! 이것이 하나님 중심으로 사는 것입니다.

하나님은 우리 삶의 모든 원칙이 하나님의 말씀과 뜻에서 나오기를 원하십니다. 또한 우리 삶의 모든 에너지를 하나님으로부터 공급받기를 원하십니다. 모든 위로와 격려, 의욕, 기쁨, 감사, 도전, 결단과 같은 것들을 하나님으로부터 공급받기를 원하십니다. 이 세 가지가 충족될 때, 그것이 바로 하나님 중심으로 살아가는 삶인 것입니다.

성막, 온전한 예배가 드려지는 모든 곳

그렇다면 하나님이 중심에 거하시는 공동체는 구체적

으로 어떻게 이루어지는 걸까요? 이것에 대해 성막은 또 하나의 중요한 메시지를 주고 있습니다. 그것은 바로 '예배'입니다. 예배할 때 하나님은 우리 가운데 계시는 것입니다. 예배할 때 하나님은 우리의 중심이 되시는 것입니다.

성막에 대한 여러 가지 해석이 있습니다. 기독론은 성막을 예수 그리스도라고 보는 것입니다. 또 교회론은 성막을 교회의 모형으로 보는 것입니다. 그러나 가장 직접적인 것은 바로 '예배'입니다. 기독론적인 것이 없는 것은 아니지만, 교회론적인 부분이 많이 있지만, 그러나 성경이 말씀하는바 가장 직접적인 것은 예배입니다.

성막은 하나님이 디자인하신 것입니다. 바꿔 말하면, 성막에는 바로 하나님의 뜻과 생각이 그대로 반영되었다는 것입니다. 그런데 거기에서 일어나는 일이 무엇입니까? 제사, 곧 예배입니다. 성막은 예배를 위해 디자인된 집입니다. 그렇기에 성막과 함께 제사장의 복장도 말씀하시는 것입니다.

성막은 하나님의 디자인이기에, 그리고 하나님이 거하신다는 표현을 쓰고 있기에, 예배의 처소이면서 동시에 예배 자체를 뜻합니다. 정말 영적인 예배란 무엇인가, 어떻게 드리는 것이 바른 예배인가에 관한 영적 원리가 다 들어 있는 것입니다. 즉, 성막의 구조 하나하나가 예배의 요소가 된다는 것입니다. 그렇다면 성막은 온전한, 바른 예배에 대한 지침서라 할 수 있습니다.

예배를 안 드리는 것보다 잘못된 예배를 드리는 것이 더 심각한 피해를 가져옵니다. 성경이 말하는바, 신앙을 망치는 가장 큰 위협은 우상 숭배입니다. 이것은 예배를 안 드리는 것이 아니라, 잘못된 예배를 드리는 것입니다. 워렌 위어스비(Warren Wiersbe)의 《주여 나를 잘못된 예배에서 구하여 주옵소서》(아삭 역간)라는 책이 있습니다. 제목 그대로 이것은 정말 중요한 기도입니다. 한국 교회의 심각한 문제가 무엇입니까? 예배를 안 드리는 것이 아닙니다. 잘못된 예배를 드리는 것입니다. 예배라고 하면서 자신의 온갖 욕심과 아집과 과시와 야망을 덕지덕지 바르고, 인간의 더러운 교만과 욕심을 거룩으로 포장해서 드리는 것을 하나님은 기뻐하지 않으십니다. 하나님이 얼마나 화가 나셨는지, "너희가 내 제단 위에 헛되이 불사르지 못하게 하기 위하여 너희 중에 성전 문을 닫을 자가 있었으면 좋겠도다"(말 1:10)라고 말씀하십니다. 잘못된 예배는 하나님을 향한 기만이요, 심각한 영적 문제입니다. 그렇기 때문에 성막이 중요한 것입니다.

그런데 한 걸음 더 나아가, 성막은 예배일 뿐 아니라 예배자 자신을 나타내기도 합니다. 예배가 일어나는 곳이 바로 우리의 중심이라면, 예배와 예배자가 절대로 분리될 수 없다면, 성막은 예배자인 우리 자신을 나타내기도 하는 것입니다. 신비하게도 성막의 구조는 우리 인간의 구조와 너무나 동일합니다. 성막이 뜰과 성소와 지성소로 되어 있는 것처럼, 인간도 '육과 혼과 영'으로 되어 있습니다(일부 보수적인 교단에서는 인간을 삼분법이 아닌 이분법으로 보기도 합니다). 무슨 말입니까? 성막 자체가 바로 하나님의 사람들이라는 것입니다. 성막은 곧 예배인 동시에 예배자 자체를 나타낸다는 것입니다.

성막은 어떻게 해야 참된 예배자, 진짜 예배자가 될 수 있는지, 어떻게 해야 하나님의 형상을 가진 아름다운 예배자로 설 수 있는지를 이야기해 주는 것입니다.

성막을 통해 주신 첫 번째 메시지는 무엇입니까? '내가 너희 가운데 거할 성소를 세우라!' 다른 말로 하면, '나는 네 가운데 있으면서 네 삶의 중심이 되고 싶다. 너는 참된 예배자가 되어라! 그리고 함께 온전한 예배 공동체를 이루어라!'라는 것입니다. 하나님에게 삶의 중심을 내어 드리십시오. 그리고 그 중심에서 하나님만을 예배하는 예배자가 되십시오. 하나님은 오늘도 당신이 거할 처소가 되어 줄 온전한 예배자를 찾고 계십니다.

질문

1. 당신이 생각하는 '성전'의 정의는 무엇입니까?

2. 당신의 삶의 중심에 가장 크게 자리 잡고 있는 것은 무엇입니까?

3. 하나님을 당신의 삶의 중심으로 모시기 위해 당신이 기울여야 할 가장 큰 노력은 무엇입니까?

마음 판에 새긴
하나님의 절개

"그들은 조각목으로 궤를 짜되 길이는 두 규빗 반,
너비는 한 규빗 반, 높이는 한 규빗 반이 되게 하
고 너는 순금으로 그것을 싸되 그 안팎을 싸고 위
쪽 가장자리로 돌아가며 금테를 두르고 금 고리 넷
을 부어 만들어 그 네 발에 달되 이쪽에 두 고리 저
쪽에 두 고리를 달며 조각목으로 채를 만들어 금으
로 싸고 그 채를 궤 양쪽 고리에 꿰어서 궤를 메게
하며 채를 궤의 고리에 꿴 대로 두고 빼내지 말지
며 내가 네게 줄 증거판을 궤 속에 둘지며 순금으
로 속죄소를 만들되 길이는 두 규빗 반, 너비는 한
규빗 반이 되게 하고 금으로 그룹 둘을 속죄소 두
끝에 쳐서 만들되 한 그룹은 이 끝에, 또 한 그룹은
저 끝에 곧 속죄소 두 끝에 속죄소와 한 덩이로 연
결할지며 그룹들은 그 날개를 높이 펴서 그 날개로
속죄소를 덮으며 그 얼굴을 서로 대하여 속죄소를
향하게 하고 속죄소를 궤 위에 얹고 내가 네게 줄
증거판을 궤 속에 넣으라 거기서 내가 너와 만나고
속죄소 위 곧 증거궤 위에 있는 두 그룹 사이에서
내가 이스라엘 자손을 위하여 네게 명령할 모든 일
을 네게 이르리라"(출 25:10-22).

우리는 성경을 읽을 때, 주어진 말씀의 내용이나 뜻이 아닌 다른 다양한 것에서도 메시지를 발견할 수 있습니다. 예를 들면, 숫자나 상징들이 그렇습니다. 어떤 숫자나 상징들은 그 안에 각각의 메시지를 담고 있습니다. 그런데 그것 말고도 아주 중요한 것이 바로 '순서'입니다. 지혜라는 원래의 개념 속에는 순서가 들어 있습니다. 지혜는 우선순위를 제대로 매기는 것이기에 그렇습니다. 그렇기 때문에 지혜의 말씀인 성경에서 때로 순서는 숨겨진 메시지와 의미를 발견하는 중요한 키가 됩니다. 특히 순서 가운데서도 처음이나 마지막 같은 것은 정말 중요할 때가 많습니다. 그런

면에서 하나님이 성막의 여러 요소 가운데 가장 먼저 '법궤'에 대해 말씀하셨다는 것은 그 순서에 담긴 의미가 대단하다 할 수 있습니다.

보통 집을 지을 때를 떠올려 보십시오. 먼저 집의 겉모양을 만들어 놓고 나서 그 안에 집기를 들이는 것이 일반적인 순서입니다. 그런데 성막은 그 순서가 반대입니다. 제일 먼저 하나님은 가장 깊은 곳에 들어갈 기구인 법궤를 만드는 방법부터 말씀하십니다. 일반적인 순서가 아니라는 것입니다. 만일 일반적인 집을 이런 식으로 짓는 사람이 있다면, 그는 정말 바보일 것입니다. 집도 짓기 전에 침대부터 가져다 놓는 사람이 어디 있겠습니까. 그런데 하나님이 이렇게 말씀하셨으니, 그 안에는 너무나도 중요한 깊은 뜻, 즉 파격적일 만큼 중요한 의미와 메시지가 그 순서 속에 담겨 있는 것입니다.

그러면 가장 먼저 법궤를 만들라고 하신 이 말씀 속에는 어떤 메시지가 들어 있습니까? 성막이 예배와 예배자를 의미하는 것이라면 그 메시지는 분명 예배에 관한 것일 텐데, 그것이 무엇입니까?

성막에 대해 가르치는 많은 과정들이 있는데, 대부분은 그 실제적인 모습에 대해 이야기하는 경우가 많습니다. 성막의 크기, 그것을 이루는 각각의 소재 등을 다루는 것입니다. 모양에 집중하는 것입니다. 하지만 그것은 별로 도움이 되지 않습니다. 실제로 성경이 말씀하는 대로 성막을 만들어 놓은 곳이 있다고 해서 몇 군데 가 봤는데, 결론은 가는 곳마다 실망이었습니다. 그렇게 만들어진 것을 보고 은혜를 받은 적이 단 한 번도 없었습니다. 왜냐하면 성막이 중요한 것은 그것의 모양이 아니라, 거기에 담긴 메시지이기 때문입니다.

이러한 이유로 저는 성막의 모양을 설명하는 데 시간을 할애하지 않을 것입니다. 중요한 것은 메시지입니다. 예배에 대한 메시지입니다. 우리는 그것을 잡아야 합니다. 그래서 우리의 예배를 정말 주님이 원하시는 예배로 점검하고 바르게 세워야 합니다.

예배, 형식이 아닌 내용을 채우라

법궤를 먼저 만들라고 하신 그 말씀, 그 순서 속에서 무엇보다 먼저 잡아야 할 메시지는 이것입니다. '예배는 형식이나 껍질이 아니라, 그 안의 내용이 중요하다.' 너무나 당연하지만 참으로 중요한 메시지가 아닐 수 없습니다. 앞에서 성막은 예배요, 예배자라고 했습니다. 그 성막을 세우는 데 있어 눈에 보이는 외형의 집이 아니라 그 안에 들어갈 집기부터 말씀하신 것은, 예배란 형식이 아니라 내용이 먼저라는 매우 중요하고 기본적인 것을 언급하고 계신 것입니다.

그동안 예배에 대해서는 역사 이래 끝없는 싸움이 있어 왔습니다. 사실 교회사의 모든 싸움은 예배에 대한 싸움이라 해도 과언이 아닙니다. 그것은 형식과 내용 사이의 싸움이었습니다. 수많은 영적인 개혁자들, 그들이 선지자이든 종교 개혁자들이든, 그들은 공통적으로 예배는 형식이 아니라 내용이라고 외치고 또 외쳤습니다. 하지만 그렇게 뒤집었어도 여전히 형식이 강조되고 있으며, 그렇게 형식으로 가는 것은 사라지지 않고 있습니다. 심지어 예수님이 "하나님은 영이시니 예배하는 자가 영과 진리로 예배할지니라"(요 4:24) 하고 못 박아 말씀하셨음에도, 그 뒤 구교에서 드리는 미사는 형식이 꽉 찬 소위 전례 예배(Liturgical Service)가 되고 만 것입니다. 바로 이것이 종교 개혁의 주된 하나의 이유가 되기도 했습니다.

왜 그럴까요? 그 이유는, 내용은 그것이 영이고 마음의 중심이기에 눈에 보이지 않는 반면, 형식은 우리 눈에 보이기 때문입니다. 또한 내용은 아무나 그 깊은 곳으로 들어갈 수 없는 반면, 형식은 인간이 그 모든 것을 주도할 수 있기 때문에 자꾸 그리로 가는 것입니다. 이것이 예배의 가장 큰 적이요, 가장 심각한 병폐였던 것입니다.

예배가 인간에게 가장 중요한 영적인 생명줄이요, 삶의 최고의 가치, 영성의 최고봉이라 한다면, 이것을 방해하는 사탄의 가장 집요한 공격은 바로 예배의 형식화를 통해 일어난다는 것을 알아야 합니다. 사실 그렇습니다. 예배를 형식으로 드린다면, 저도 참 쉬울 것입니다. 정해진 대로 하면 되니까, 생각 없이 겉으로만 드리면 되니까 얼마든지 갈등하지 않고 예배드릴 수 있습니다. 하지만 내용으로 가면 이야기는 달라집니다. 예배가 참 어렵고 갈등이 됩니다. 마음이 중요하기에 그렇습니다. 그것에 그렇게 쉽게 들어갈 수 없어서 어렵고, 또 그 영적인 곳에 들어가서 자신이 물같이 쏟아져야 하니까 갈등이 됩니다. 자신의 죄 되고 못된 성품들, 더럽고 추한 생각들, 죄로 오염된 딱지들을 뜯어내지 않고는 안 되기에 그것이 그렇게 아프고 힘든 것입니다. 하지만 하나님은 분명히 말씀하셨습니다. 성막이 예배라면, 그것이 예배를 세우는 것이라면, 가장 깊은 곳, 그 지성소 안에 있는 법궤로부터 시작하라고 말입니다. 껍질이나 형식을 먼저 만드는 것이 아니라, 내용을 먼저 만들라고 말입니다.

예배는 어디에서 어떤 식으로 드리든 상관없습니다. 그것은 중요하지 않습니다. 겉으로 보이는 장소나 모습, 형식만으로는 예배다, 아니다 말할 수 없다는 것입니다. 정말 중요한 것은 그 내용입니다. 주님의 말씀대로, 예배는 '영과 진리'의 영적인 역사입니다. 비록 시장 바닥 한복판이라 할지라도, 겉으로 볼 때는 전혀 예배드리는 것 같은 모습이 아닐지라도, 그 중심에 하나님과 영으로 교제하고 있다면, 그는 예배를 드리고 있는 것입니다. 그래서 우리는 예배자로 일할 수 있고, 예배자로 걸을 수 있으며, 예배자로 사람들과 교제하거나 심지어 예배자로 놀 수 있는 것입니다.

그러나 그 반대 또한 있음을 절대로 잊지 마십시오. 예배당이라고 부르는 곳에 와서 예배라는 형식을 가진 시간에 참여하고 있어도, 그 마음과 중심이 영과 진리로 하나님을 만나는 것이 아니라면, 그것은 절대로 예배를 드리는 것이 아니라는 것입니다. 그런 면에서 본다면 주일학교 아이들이 더 낫습니다. 적어도 아이들은 마음과 시선이 함께 갑니다. 마음이 없으면 눈으로도 따라가지 않습니다. 하지만 어른들은 연기에 능합니다. 그래서 마음이 없어도 오랜 습관에 따라 적절한 타이밍에 '아멘', '할렐루야'를 외칠 수 있습니다. 그러나 이건 명백한 가짜입니다.

저는 개인적으로 이런 부분에 있어 매우 괴로워하는 사람 중 한 명입니다. 저는 예배를 섬기고 인도하는 목사입니다. 그런데 간혹 예배를 드리지 않고 있는 저 자신을 발견할 때가 있습니다. 그럴 때면 참으로 괴롭습니다. 하지만 그때마다 깨닫는 것이 있습니다. 이러한 괴로움과 갈등을 끝까지 포기하지 말아야 한다는 것입니다. 이것은 끝없는 싸움이요, 어쩌면 평생 짊어져야 할 우리의 사명일 것입니다.

예배를 드린다는 것은 그렇게 쉬운 일이 아닙니다. 예배당에 와서 앉아 있다고, 찬송을 부르거나 말씀을 듣는다고 되는 것이 아니기 때문입니다. 우선은 정말 깊은 곳, 그 지성소, 그 법궤의 영적인 역사 속으로 들어가야 합니다. 스스로 속이지 말고, 적당히 타협하지 말고, 예배가 안 되면 괴로워하면서라도 그 중심으로 주님 앞에 가야 합니다. 우리는 그런 예배자가 되어야 합니다.

언약의 돌판을 붙잡으라

꧁꧂꧁꧂꧁꧂꧁꧂꧁꧂꧁꧂꧁꧂꧁꧂

두 번째로 붙잡아야 할 메시지는 이것입니다. 가장 먼저 법궤를 말씀하신 것은 예배 혹은 예배자에게 있어 법궤가 그리고 그 법궤를 둔 그 지성소가 다음의 두 가지 면에서 아주 중요한 의미를 갖기 때문입니다. 하나는, '그것이 출발이요, 기본'이라는 것입니다. 다른 하나는, '그것이 가장 중요한 결론이요, 목표'라는 것입니다. 무슨 말입니까? 예배의 출발, 곧 근본이 지성소와 그 안에 있는 법궤에 있고, 예배의 목적, 곧 결론 역시 지성소와 법궤에 있다는 것입니다.

그렇다면 그 지성소 안에 있는 법궤는 무엇을 의미합니까? 지성소 자체가 의미 있다기보다는, 그 안에 법궤가 있기에 그곳을 '지성소'(지극히 거룩한 장소, 코데쉬 하코다쉼[Holy of Holies])라고 부르는 것입니다. 그러면 법궤는 무엇이며, 그것이 가지는 의미는 무엇입니까? 우선 법궤 자체를 본다면, 그것은 상자입니다. '궤'라는 말 자체가 무엇을 넣는 상자라는 의미입니다. 가로, 세로, 높이가 각각 2.5×1.5×1.5규빗, 즉 125×75×75센티미터의 그렇게 크지 않은 상자라는 것입니다. 비록 순금으로 안팎을 발랐다 할지라도, 나름대로 화려한 장식을 했다 할지라도, 그것은 어디까지나 그 안에 무엇을 넣어두거나 그것을 들고 운반할 수 있도록 만든 상자임에 분명합니다. 따라서 법궤의 중요성은 그 자체보다, 그 안에 무엇을 넣는가에 달려 있습니다.

그러면 그 안에 담긴 것은 무엇입니까? 법궤 안에 무엇이 있는가에 대한 두 가지 설이 있습니다. 하나는, '증거판과 만나를 담은 항아리와 아론의 싹 난 지팡이'가 있다는 설입니다(히 9:4 참조). 반면 성경의 다른 부분에서는 오직 돌판(증거판) 외에는 들어 있는 것이 없다고 강조해서 말씀하고 있습니다(왕상 8:9; 대하 5:10 참조).

무엇이 맞습니까? 정확하게 본다면, 법궤 안에는 증거판, 즉 십계명을 새긴 두 돌판 외에는 아무것도 없습니다. 민수기 17장 4절에 의하면, 아론의 싹 난 지팡이는 회막 안에 있는 증거궤 앞에 놓아두라고 했기에, 그 지팡이와 만나를 넣은 항아리는 지성소 안, 곧 법궤 앞에 있다는 뜻으로 봐야 합니다.

결국 법궤가 중요한 것은 그것이 바로 증거판을 넣어 두는 곳이기 때문입니다. 그래서 심지어는 성막을 '증거막'이라고도 부르는 것입니다(출 38:21; 민 1:50, 10:11 참조). 결국 법궤가 그 안에 증거판을 넣어 두는 것이기에 중요하다고 한다면, 이제 다음과 같은 중간 결론이 나오게 되어 있습니다. '예배의 기본과 출발 그리고 예배의 결론과 목적은 모두 증거판이다.'

그러면 이 증거판이란 무엇입니까? 성경의 여러 곳을 비교해 볼 때, 그것이 하나님이 직접 십계명을 새겨넣으신 두 돌판인 것은 분명합니다. 그런데 여기서 눈여겨봐야 할 것은, 하나님은 십계명 돌판이나 명령문판이라는 말을 쓰지 않고 굳이 '증거판'이라는 말을 쓰셨다는 것입니다. 이것은 무엇을 의미합니까? 하나님은 그 돌판을 우리와 하나님 사이에 맺은 언약 혹은 증거로 생각하실 뿐, 우리에게 이렇게 저렇게 살라고 명령하는 '법조문'으로는 생각하지 않으신다는 것입니다. 따라서 그 궤를 '법궤'라고 부르는 것은 정확하지 않습니다. 법궤는 번역상의 표현일 뿐, 오히려 성경은 '증거궤', 혹은 '여호와의 궤'라고 부르기를 더 좋아합니다.

정리하면 이런 결론이 나옵니다. '예배는 하나님과 우리 사이의 관계를 증거하는 그 증거로부터 시작되고, 예배의 근거는 바로 그 하나님과 우리 사이의 관계의 증거에 있으며, 예배의 결론과 목적은 바로 그 증거, 즉 하나님과의 관계로 가는 것이다!'

속죄소 앞으로 나아가는 은혜

그렇다면 그 관계는 무엇입니까? 그것은 무엇을 증거하는 것입니까? 이것을 너무도 확실하게 그리고 감동적으로 보여 주는 것이 바로 그 '증거궤의 뚜껑'입니다. 이것이 바로 그 증거의 내용을 설명합니다.

"순금으로 속죄소를 만들되 길이는 두 규빗 반, 너비는 한 규빗 반이 되게 하고 금으로 그룹 둘을 속죄소 두 끝에 쳐서 만들되 한 그룹은 이 끝에, 또 한 그룹은 저 끝에 곧 속죄소 두 끝에 속죄소와 한 덩이로 연결할지며 그룹들은 그 날개를 높이 펴서 그 날개로 속죄소를 덮으며 그 얼굴을 서로 대하여 속죄소를 향하게 하고 속죄소를 궤 위에 얹고 내가 네게 줄 증거판을 궤 속에 넣으라"(출 25:17-21).

속죄소(캅포레트, Atonement Cover/Mercy Seat), 이것이 바로 그 증거궤 뚜껑의 이름입니다. 그룹(Cherubim) 둘이 서로 마주 보고 호위하는 조각을 붙인 아주 의미 있는 뚜껑입니다. 여기서 그룹은 무엇입니까? 호위 천사입니다. 이것은 창세기 3장에서 인간이 타락한 후 에덴에서 쫓겨났을 때, 그들이 다시 와서 생명나무에 손대지 못하도록 그것을 지키게 한 장면에서 처음으로 등장합니다.

"이같이 하나님이 그 사람을 쫓아내시고 에덴동산 동쪽

에 그룹들과 두루 도는 불 칼을 두어 생명나무의 길을 지키게 하시니라"(창 3:24).

이 그룹은 범죄한 인간이 하나님에게 접근하거나 함부로 나아갈 수 없게 하는 무서운 존재입니다. 심판의 상징입니다. 그러니 이 그룹을 조각한 그 증거궤의 뚜껑을 '캅포레트', 즉 속죄소, 혹은 '시은좌'(Mercy Seat)라고 부르는 것은 매우 대단한 아이러니가 아닐 수 없습니다. 그리고 같은 이유로 너무나도 중요한 영적 의미를 담고 있다고 할 수 있습니다. '죄 때문에 쫓겨나 나를 만날 수 없게 한 자리, 나는 여기에 너희가 와서 나를 만날 수 있도록 그 죄를 용서하는 자리를 펴겠다.' 다시 살리시겠다는 것입니다. 지켜 주시겠다는 것입니다. 이것은 곧 구원과 사랑의 선포인 것입니다.

그렇습니다. 이 속죄소로 증거궤를 덮었다는 것은 바로 그 증거의 내용, 즉 그 관계의 내용을 그대로 말해 주는 것입니다. 그것은 사랑입니다. 그것은 누구도 말릴 수 없고 막을 수 없는, 우리를 향하신 하나님의 사랑입니다. 불타는 용서와 구원의 마음입니다.

노아의 방주는 히브리어로 '테바'라고 합니다. 그리고 증거궤의 궤는 히브리어로 '아론'이라고 합니다. 하지만 고대 에티오피아어로는 증거궤를 '타보트'라고 부릅니다. 즉, 방주와 증거궤를 같은 단어로 볼 수 있다는 것입니다. 더 신기한 것은, 방주를 만들 때 역청을 발라서 물이 새지 못하게 했는데, 역청은 히브리어로 '코페르', 곧 증거궤의 뚜껑인 '속죄소'라는 말의 히브리어인 '캅포레트'와 같은 어원의 단어입니다. 이것은 물이 밀고 들어올 수 없도록 철저하게 막아 주시는 하나님의 구원의 핵심이라 할 수 있습니다. 이처럼 방주는 범죄한 인간들이 심판 받아 홍수로 죽을 수밖에 없는 상황에서 하나님이 당신의 사랑하는 사람들을 구원하기 위해 만드신 것입니다. 구원의 방주라고 하는 것은 이러한 이유에서입니다.

모세의 갈대 상자도 보십시오. 모세를 갈대 상자에 담아 나일 강에 띄울 때 그 갈대 상자에 역청을 발라서 물이 새지 못하게 했다고 했는데, 그 갈대 상자도 역시

'테바'이고, 역청은 '코페르'입니다. 역청을 바르는 모세의 어머니의 마음을 생각해 보십시오. 살리고 싶은 마음, 물이 아이를 침범하지 못하도록 막아 주고 싶은 마음, 이 마음은 방주를 만들 때 역청을 바르게 하신 하나님의 마음과 동일합니다.

그룹은 심판의 자리입니다. 거기에서 사랑을 선포하며 지켜 주시는, 심판 받아 죽게 하는 것이 아니라 오히려 살려 주시는 이야기, 이것이 바로 하나님의 사랑입니다. 그리고 이것이 가장 잘 표현된 장소가 어디입니까? 십자가입니다. 십자가는 심판의 자리입니다. 모두가 죽는 자리입니다. 범죄한 자가 죽는 그 자리에서 하나님이 스스로 먼저 죽으심으로 죽을 수밖에 없는 사람들을 살리신 것, 이것이 바로 십자가의 사랑이고, 이것이 바로 캅포레트입니다. 심판이 그를 죽이지 못하도록 막아 주시는 그것이 바로 캅포레트, 곧 속죄소의 이야기입니다.

이것들은 모두 연결되어 있다고 볼 수 있습니다. 그리고 그것은 하나님의 구원의 사랑입니다. 죄를 절대로 그냥 묵과할 수 없어 심판하시지만, 그렇다고 당신의 자녀를 죄 가운데 그냥 죽게 할 수 없어 구원의 길을 열기 위해 방주를 만드시는 사랑이 바로 증거궤에 그대로 녹아 있다는 것입니다. 무엇보다 죄가 들어와서 그 영혼을 죽이지 못하도록 막아서고 그 죄를 덮어 주는 그것이 바로 '캅포레트', 곧 속죄소를 두신 하나님의 은혜인 것입니다. 그리고 그 사랑이 구체적으로 예수 그리스도의 갈보리 십자가 사건으로 나타난 것입니다.

이러한 구원의 사랑과 용서와 긍휼! 이것이 예배의 기본입니다. 이것이 우리 예배의 근거입니다. 어떤 인간이 감히 하나님 앞에 예배드릴 수 있겠습니까? 죄 많은 인생이 어떻게 감히 하나님의 이름을 부르며 그 앞으로 나아올 수 있겠습니까? 예배를 드린다는 것은 보통 은혜가 아닙니다. 하나님이 우리를 불쌍히 여기고 용서하셨기에, 우리의 죄를 덮고 막아 주셨기에 가능한 것입니다. 그 사랑 때문에 가능한 것입니다. 갈보리의 십자가 사랑이 없었다면, 누가 감히 그 하나님 앞으로 나아갈 수 있겠습니까? 주님의 몸과 함께 지성소의 휘장이 찢기지 않았다면, 누가 감히 하나님 앞으로 나아갈 수 있었겠습니까?

지성소 안으로 들어가는 대제사장의 복장을 보십시오. 옷 밑단에 방울과 석류 모양을 섞어서 달았습니다. 이는 움직일 때마다 소리가 나게 하기 위함입니다. 소리가 안 나면 죽은 것입니다. 하나님의 그 거룩 앞에서 죽은 것입니다. 결코 죄인의 모습으로는 하나님 앞에 설 수 없습니다. 캅포레트가 없으면 다 죽는 것입니다. 하지만 우리는 예배합니다. 갈보리 십자가의 공로로 인해 예배할 수 있습니다. 이것이 곧 예배의 시작이요, 근거입니다.

그러므로 예배를 드린다는 것은, 그 사랑을 누린다는 것입니다. 그 용서와 긍휼을 누린다는 것입니다. 하나님의 사랑을 바닥에 깔지 않고는 예배가 시작될 수 없다는 것입니다. 이러한 은혜와 특권을 놓치지 마십시오.

속죄소는 예배의 근거요, 출발입니다. 그리고 그것

은 예배의 목표요, 결론입니다. 성공하는 예배란 무엇입니까? 속죄소의 사랑에까지 가닿는 것, 그 사랑 때문에 눈물이 터지고, 그 사랑 때문에 내 안에 있는 모든 죄와 상한 것들이 통곡하고 떠나가는 것, 나의 두려움과 연약함들이 물같이 쏟아지는 것, 이것이 바로 성공한 예배입니다. 그 사랑의 품에 안기는 것, 그 사랑을 온전히 다시 한 번 경험하는 것, 이것이 곧 지성소에 증거궤를 먼저 만들게 하시는 하나님의 성막의 메시지입니다.

> "거기서 내가 너와 만나고 속죄소 위 곧 증거궤 위에 있는 두 그룹 사이에서 내가 이스라엘 자손을 위하여 네게 명령할 모든 일을 네게 이르리라"(출 25:22).

"거기서 내가 너와 만나고." 이것이 예배입니다. 이것이 예배의 목적이요, 결론입니다. 예배는 지성소 안 속죄소로부터 시작되어 지성소 안 속죄소로 다시 들어가는 것으로 완성됩니다. 즉, 예배를 통해 우리는 하나님의 사랑을 누리고, 그 은혜를 맛보고, 그 사랑의 하나님과 교제하면서 치유 받고 회복되고 힘을 얻는 것입니다.

구약의 성막은 모형이기에 지성소와 성소 사이에는 휘장이 있고, 그 지성소로 들어가는 것은 죽음을 각오한 힘든 것이었습니다. 하지만 예수 그리스도를 통해 휘장을 찢으면서 예비하신 하나님의 그 속죄소의 사랑이 우리 모두에게 그대로 열렸음을 우리는 알아야 합니다. 그 사랑을 그대로 경험하는 것이 예배입니다. 그 사랑에 감격하고, 그 사랑에 춤추며 찬양하는 것이 예배입니다. 예배자는 이미 용서받은 자입니다. 회복된 자입니다. 하나님의 사랑을 이미 받은 자입니다. 예배자는 그 사랑 안에서 뛰노는 자입니다.

1. 당신의 예배는 무엇으로 채워져 있습니까? 형식입니까, 내용입 니까?

2. 예배에서 하나님과의 관계가 중요한 이유는 무엇입니까?

3. 속죄소를 통해 보여 주신 하나님의 사랑을 당신의 말로 표현해 보 십시오.

3. 상

하나님이 차려 주신
영혼의 식탁

"그가 또 조각목으로 상을 만들었으니 길이가 두 규빗, 너비가 한 규빗, 높이가 한 규빗 반이며 순금으로 싸고 위쪽 가장자리로 돌아가며 금테를 둘렀으며 그 주위에 손바닥 넓이만한 턱을 만들고 그 턱 주위에 금으로 테를 만들었고 상을 위하여 금고리 넷을 부어 만들어 네 발 위, 네 모퉁이에 달았으니 그 고리가 턱 곁에 있어서 상을 메는 채를 꿰게 하였으며 또 조각목으로 상 멜 채를 만들어 금으로 쌌으며 상 위의 기구 곧 대접과 숟가락과 잔과 따르는 병을 순금으로 만들었더라"(출 37:10-16).

이런 말이 있습니다. '신앙인에게 있어 예배는 모든 것이다.' 이 말은 전적으로 옳습니다. 이 말이 전적으로 옳은 까닭은 두 가지 면에서입니다.

첫째, 예배는 우리 신앙인의 궁극적인 존재 이유이기 때문입니다. 다른 예를 들 것도 없습니다. '웨스트민스터신앙고백'만 봐도 이것은 명확합니다. 17세기 중반(1643-1649), 영국이 청교도 혁명을 성공한 후 나라를 복음주의 신앙으로 온전히 세우기 위해 신학자 121명과 장로 30명(상원의원 10명, 하원의원 20명), 총 151명이 6년간 창세기부터 요한계시록까지 성경의 핵심 교리를 요약해서 만든 것이 웨스트민스터신앙고백입니다. 그리고 그 가운데 가장 요긴한 원리를 107개의 문답 형식으로 만든 것이 '소요리 문답'입니다. 이 소요리 문답의 첫 번째 질문은, "사람의 제일 되는 목적은 무엇인가?"입니다. 그리고 그 대답은, "사람의 제일 되는 목적은 하나님을 영화롭게 하는 것과 영원토록 그를 즐거워하는 것이다"입니다. 이는 예배를 말하는 것입니다. 예배가 인간의 삶의 궁극적인 존재 이유요, 목적이라는 것입니다.

둘째, 예배는 우리가 삶에서 필요로 하는 모든 것들을 얻을 수 있는 곳이기 때문입니다. 인생을 살아가기 위해서는 필요한 것이 많습니다. 그중 어떤 것들은 있으면 좋고 없어도 크게 지장이 없지만, 어떤 것들은 정말 절대적으로 필요한 것입니다. 그런데 인생을 위해 꼭 필요한 그것을 예배를 통해 모두 얻을 수 있다는 것입니다. 그래서 예배는 모든 것입니다.

'예배를 통해 살아가는 데 필요한 모든 것을 얻는다.' 삶을 제대로 살기 원하는 사람이라면 당연히 관심이 가고 구미가 당기는 이야기일 것입니다. 우리는 오늘도 바르고 아름답게, 행복하게 살아가야 하니 말입니다. 그렇다면 우리가 살아가는 데 꼭 필요한 그것은 무엇입니까? 우리는 예배를 통해 무엇을 얻을 수 있습니까? 이것을 말해 주는 것이 바로 '성소'에 담긴 메시지입니다.

성소에 담긴 메시지

성막은 세 부분으로 되어 있습니다. 지성소와 성소와 뜰이 그것입니다. 그리고 앞에서 이야기한 것처럼, 이것은 마치 인간의 구조가 '영, 혼, 육'으로 되어 있는 것과 아주 유사합니다. 둘 다 하나님의 오리지널 디자인이기 때문에 그렇습니다.

'영, 혼, 육' 중에 인간의 삶에 있어 가장 중요한 것은 무엇일까요? 물론 '영'입니다. 영이 기본입니다. 거기에서 출발합니다. 하지만 '영'은 우리가 살아가는 삶의 모든 부분에 직접적으로 드러나 있지는 않습니다.

쉽게 말해, '영'은 너무 깊습니다. 그렇게 쉽게 드러나거나 다다를 수 있는 것이 아닙니다. 반면에 다 드러나 있고 누구나 볼 수 있는 '육'은 절대 우리 인간을 대표하는 것이 될 수 없습니다. 만일 육이 그 중요성을 갖기 시작한다면, 그것은 인간이 아니라 동물적이라는 것입니다(안타깝게도 이 시대는 그쪽으로 가고 있지만 말입니다).

그렇다면 결국 인생을 살아가는 우리 인간에게 있어 가장 직접적으로 중요한 부분은 '혼'입니다. '혼'이 그 사람, 그 인생을 대표한다 해도 과언이 아닐 만큼 말입니다. 그렇습니다. 어떤 사람이 행복하고 아름다운 삶을 살아가게 하는 모든 것은 혼에서 결론지어진다고 말할 수 있습니다. 비록 그것이 영을 통해 왔다 하더라도 말입니다. 인간의 지성과 감정 그리고 의지, 이런 것이 담긴 인격과 성품, 이것이 바로 인간 그 자체와 그 인생의 행복과 불행을 결정하는 주된 것이라는 말입니다.

한 예로 육체적인 어려움을 당하는 경우, 대개는 그 자체가 힘들어서 삶이 무너지는 것이 아니라, 그 어려움 때문에 마음이 무너지고 절망하고 낙심하기에 삶이 무너지는 것입니다. 반면에 성령의 아홉 가지 열매는 성령이 영을 통해 우리 삶 가운데 역사하시는 것이지만, 그 모든 것은 인격, 즉 혼적인 것이라는 것을 우리는 주목할 필요가 있습니다. 근원이 어디가 되었든 결론은 '혼'에서 난다는 것입니다.

성막도 마찬가지입니다. 성소는 성막의 세 부분 중 하나지만, 그 '성소'가 성막을 대표합니다. 중요도로 본다면 지성소가 가장 중요하겠지만, 성막의 대표는 '성소'입니다. 보통 성막과 성전을 다른 말로 부를 때 '성소'라고 부르는 이유가 그것입니다. 성소가 바로 이런 위치와 의미를 가졌기에, 그 성소에 담긴 예배의 메시지는 곧 예배 중에 우리의 영혼이 누릴 수 있는 것을 나타내며, 이것은 우리가 인생을 살아가는 데 필요한 모든 것을 공급해 주시는 예배의 약속, 곧 예배의 내용이 되는 것입니다.

그렇다면 무엇입니까? 그것은 성소에 들어 있는 세 가지 기구를 통해서 메시지로 주어지고 있습니다. 앞서 이야기한 것처럼, 성막은 '공간과 장소'가 아니라, 그곳에 있는 것이 중요합니다. 지성소가 중요한 이유는 바로 거기에 있는 증거궤와 그 증거궤의 뚜껑에 있는 속죄소 때문인 것처럼, 성소는 그 자체로서가 아니라, 그 안에 있는 세 가지, 곧 '상, 등잔대, 분향단' 때문에 성소가 된 것입니다.

이것은 단순한 기구가 아닙니다. 이것을 통해 영적인 역사가 일어납니다. 이것은 그 하나하나가 아주 중요한 영적인 의미를 담고 있습니다. 그리고 그것이 바로 예배의 메시지가 되는 것입니다. '성소에서 일어나는 예배' 말입니다. 이것은 예배자인 우리의 혼 가운데 있는 예배의 역사가 되고, 그러면서 우리의 인생을 하나님이 원하시는 '하나님의 형상'으로 아름답고 행복하게 살게 하는 바로 그 중요한 요소가 되는 것입니다.

순서는 크게 상관이 없지만, 성경의 순서대로 이 장에서는 먼저 '상'에 대해 살펴보고, 이어지는 장을 통해 '등잔대'와 '분향단'에 대해 살펴보려 합니다.

상, 영혼의 굶주림을 채우는 곳

"그가 또 조각목으로 상을 만들었으니 길이가 두 규빗,
너비가 한 규빗, 높이가 한 규빗 반이며"(출 37:10).

여기서 '상'이란 무엇일까요? 여러 가지 중요한 의미
를 부여해도, 결국 상은 그 위에 음식을 올려놓는 밥상
입니다. 그렇다면 '누구를 위한 밥상인가?' 하는 것이
중요합니다. 이것은 절대 상징적으로라도 하나님을 위
한 밥상은 아닙니다. 하나님은 무엇을 먹어야 하는 존
재가 아니시기 때문입니다. 그런 면에서 이 상은 일반
제사상하고는 근본적으로 그 의미가 다릅니다.

그러면 무엇입니까? 이것은 메시지입니다. 예배를
통해 우리에게 일어날 너무나도 중요한 은혜의 메시
지입니다. 즉, 그 상은 하나님이 드실 하나님의 밥상이
아니라, 우리를 영적으로 먹이시는 하나님의 은혜의
메시지, 즉 '우리를 위해 차려진 하나님의 식탁'이라는
것입니다.

인간의 내면에는 채워지지 않는 굶주림이 있습니다. 그 굶주림은 우리를 정말 힘들게 합니다. 그 굶주림이 채워지지 않기에 삶의 각종 허무와 무의미와 무력함과 재미없음과 분노가 나오기도 하고, 또 그 굶주림을 채우려는 잘못된 노력 때문에 각종 탈선과 비행과 고통과 중독들이 나타나는 것입니다. 그 굶주림이 바르게 채워지지 않는다면 인생은 절대로 바르게 살 수 없습니다.

굶주린 사람에게는 그 굶주림을 채우는 것 외에 다른 대답이 없습니다. 그런데 세상에는 인간의 근본적 굶주림을 채울 수 있는 곳이 없습니다. 이것이 문제가 되는 것입니다. 오직 그것은 하나님의 사랑으로만 채울 수 있습니다. 그리고 그 사랑을, 그 마음의 굶주림을 채우는 곳이 바로 '예배'입니다. '성소의 예배'입니다.

다윗이 유다 광야에 있을 때 지었던 시편 63편에 보면 이런 표현이 나옵니다.

"하나님이여 주는 나의 하나님이시라 내가 간절히 주를

찾되 물이 없어 마르고 황폐한 땅에서 내 영혼이 주를 갈망하며 내 육체가 주를 앙모하나이다 내가 주의 권능과 영광을 보기 위하여 이와 같이 성소에서 주를 바라보았나이다 주의 인자하심이 생명보다 나으므로 내 입술이 주를 찬양할 것이라 이러므로 나의 평생에 주를 송축하며 주의 이름으로 말미암아 나의 손을 들리이다 골수와 기름진 것을 먹음과 같이 나의 영혼이 만족할 것이라 나의 입이 기쁜 입술로 주를 찬송하되"(시 63:1-5).

다윗은 예배를 경험한 자로서, 예배를 통해 그 굶주림이 채움 받고 만족했던 그 체험을 정말 실감나게 고백하고 있습니다. 그렇습니다. 예배는 우리의 굶주림을 채우는 하늘의 식탁, 하늘의 식사입니다. 그렇기에 예배를 드리고 나면 기쁜 것입니다. 특별히 달라진 것이 없어도 너무나 만족하고 행복한 것입니다. 이처럼 '영혼의 만족'은 예배의 당연한 결론이어야 합니다.

이것을 또한 너무나도 확실하게 보여 주는 것이 바로 요한복음 4장입니다. 거기에는 예배의 주인이신 예수님이 직접 말씀하신 유명한 예배의 정의가 나옵니다.

> "아버지께 참되게 예배하는 자들은 영과 진리로 예배할
> 때가 오나니 곧 이때라 아버지께서는 자기에게 이렇게
> 예배하는 자들을 찾으시느니라 하나님은 영이시니 예
> 배하는 자가 영과 진리로 예배할지니라"(요 4:23-24).

그런데 이 예배의 정의를 예수님은 누구에게 말씀하셨습니까? 바로 우물가에 물을 길으러 온 사마리아 여인이었습니다. 낮 12시에 사람들의 눈을 피해 물을 길으러 온 한 여인, 남편이 다섯이나 있었고 지금 있는 자도 남편이 아닌 그 수치스럽고 고통스러운 삶을 산 여인, 결국 그녀의 진정한 문제는 영적인 목마름인 것을 보신 주님이 그녀에게 생수를 주겠다고 하면서 시작된 이야기의 결론으로 바로 이 엄청난 예배의 정의가 선포된 것이었습니다.

그렇습니다. 예배 가운데 일어나는 가장 강력한 역

사는 굶주림이 채워지고, 그 영혼의 갈증이 해소되는 바로 그 역사입니다. 그것이 바로 성소에 상을 만들어 두게 하신 이 성막의 비밀인 것입니다.

그러면 구체적으로 어떻게 해야 채움 받을 수 있습니까? 우리 영혼의 굶주림과 갈증은 어떤 은혜를 받아야 채워질 수 있습니까? 이것을 너무나도 잘 보여 주는 기가 막힌 단서가 출애굽기 25장에 기록되어 있습니다.

"상 위에 진설병을 두어 항상 내 앞에 있게 할지니라" (출 25:30).

상은 다른 여러 그릇을 놓기도 하지만, 궁극적으로는 '진설병'이라는 빵을 놓기 위한 것입니다. 그런데 이 '진설병'에는 놀라운 의미가 담겨 있습니다. 우리말로는 '진설병', 즉 '제사의 법식에 따라 상 위에 차려 놓은 떡'이라고 쓰고 있지만, 히브리어로는 그 의미가 좀 다릅니다. 진설병은 히브리어로 '레헴 파님'이라 하는

데, 여기서 '레헴'은 '베들레헴'에서 보듯이 '빵'을 말하는 것이고, 정말 중요한 의미는 바로 '파님'입니다(실제로 '진설병'을 '레헴 파님'이라고 길게 부르지 않고 그냥 '파님'이라고 부르기도 합니다). 그러면 '파님'은 무엇입니까? 이것은 바로 '얼굴'입니다. 그러니까 진설병, 즉 '레헴 파님'의 정확한 의미는 '얼굴의 빵'인 것입니다.

그렇다면 여기서 '파님', 즉 이 '얼굴'은 누구의 얼굴입니까? 그것은 성경에서, 특히 예배에서 가장 많이 사용되는 의미 그대로 '하나님의 얼굴'입니다. 그러므로 '진설병'은 바로 '하나님의 얼굴 앞에 두어서 보시게 하는 빵'이라 할 수 있습니다.

그렇습니다. 예배가 우리의 굶주린 내면, 목마른 심령을 채우는 역사라 한다면, 그 채움은 바로 우리를 향하신 하나님의 얼굴의 역사를 통해 일어나는 것입니다. 우리는 예배를 통해 하나님의 얼굴 앞으로 올 수 있습니다. 그리고 하나님의 그 얼굴이 우리를 향해 계시는 그 역사를 체험할 수 있습니다.

이것은 무엇을 말하는 것입니까? 성경에 나오는 축

복 가운데 가장 유명한 것이 소위 '아론의 축복'입니다. 그래서 미국에서는 예배의 마지막 축도를 한국 교회가 하는 고린도후서 13장 13절로 하지 않고, 민수기 6장 24-26절의 '아론의 축복'으로 합니다. 왜냐하면 이것은 하나님이 직접 대제사장 아론에게 당신의 백성을 이렇게 축복하라고 알려 주신 하나님 축복의 오리지널이기 때문입니다.

"여호와는 네게 복을 주시고 너를 지키시기를 원하며 여호와는 그의 얼굴을 네게 비추사 은혜 베푸시기를 원하며 여호와는 그 얼굴을 네게로 향하여 드사 평강 주시기를 원하노라 할지니라 하라."

위의 말씀에서 가장 중요한 것은 '하나님의 얼굴'입니다. 그 얼굴이 네게서 돌려지고, 가려지고, 외면하시는 삶이 아닌, 그 얼굴이 너를 향해 계시고, 하나님이 그렇게 너를 대면해서 보시는 바로 그런 삶을 사는 것, 그것이 최고의 은혜를 받는 것이요, 그것이 최고로 아름다운 삶을 사는 것이요, 그래서 이것이 최고의 축복을 받는 것이라는 것입니다. 왜냐하면 이것은 사랑하신다는 것이기 때문입니다. 기뻐하신다는 것이기 때문입니다. 너무나 소중하게 여기신다는 것이기 때문입니다. '너 때문에 내가 행복하다' 하며 영광을 받으시는 것이기 때문입니다. 스바냐 3장 17절의 말씀처럼 말입니다.

바로 이런 '하나님의 얼굴을 우리에게 비추시는 것, 하나님의 얼굴을 우리를 향해 드시는 것'의 의미를 가장 적절하게 표현할 수 있는 것이 '눈에 하트가 뿅뿅'인 것 같습니다. 정말 사랑하는 사람을 쳐다볼 때 그 눈에 하트가 뿅뿅 나오는 그림 말입니다. 이는 만화에서 표현되어 나온 것이지만, 예배 가운데 만나는 우리 하나님의 얼굴이 바로 그런 얼굴이십니다. 우리를 보면서 그 눈에서 하트가 뿅뿅 나오는 바로 그 얼굴. 그래서 그 얼굴을 만나는 순간 우리 속에 있는 모든 굶주림과 목마름과 외로움과 메마름이 다 채워지는 것입니다.

예배는 바로 이런 것입니다. 성소에서 예배하는 가

운데 일어나는 역사는 바로 이런 것입니다. 그래서 이렇게 예배하는 자는 정말 행복한 것입니다. 그런 하나님의 사랑, 그런 하나님의 은혜를 받기에 그렇습니다.

이런 예배를 드리십시오! 어떤 상황, 어떤 자리에서든 예배가 시작되면 하나님 앞으로 나아가 그 얼굴을 보십시오. 그렇게 여전히 기뻐하시는 하나님의 은혜를 받으십시오. 아니, 삶의 모든 순간을 하나님의 그 얼굴 앞에 머무십시오. 그러면 삶의 모든 순간을 예배자로 살아갈 수 있습니다. 우리 삶의 모든 부분이 성소가 될 수 있습니다. 우리는 그렇게 되어야 합니다.

질문

1. 당신이 생각하는 예배의 유익은 무엇입니까?

2. 당신은 예배를 통해 영혼의 갈증과 굶주림을 채워 본 경험이 있습니까?

3. 예배를 통해 하나님의 얼굴을 대면한다는 것은 무엇을 뜻합니까?

4. 등잔대

영혼을 밝히는
은혜의 빛

"그가 또 순금으로 등잔대를 만들되 그것을 쳐서 만들었으니 그 밑판과 줄기와 잔과 꽃받침과 꽃이 그것과 한 덩이로 되었고 가지 여섯이 그 곁에서 나왔으니 곧 등잔대의 세 가지는 저쪽으로 나왔고 등잔대의 세 가지는 이쪽으로 나왔으며 이쪽 가지에 살구꽃 형상의 잔 셋과 꽃받침과 꽃이 있고 저쪽 가지에 살구꽃 형상의 잔 셋과 꽃받침과 꽃이 있어 등잔대에서 나온 가지 여섯이 그러하며 등잔대 줄기에는 살구꽃 형상의 잔 넷과 꽃받침과 꽃이 있고 등잔대에서 나온 가지 여섯을 위하여는 꽃받침이 있게 하였으되 두 가지 아래에 한 꽃받침이 있어 줄기와 연결하였고 또 두 가지 아래에 한 꽃받침이 있어 줄기와 연결하였고 또 다시 두 가지 아래에 한 꽃받침이 있어 줄기와 연결되게 하였으니 이 꽃받침과 가지들을 줄기와 연결하여 전부를 순금으로 쳐서 만들었으며 등잔 일곱과 그 불집게와 불똥 그릇을 순금으로 만들었으니 등잔대와 그 모든 기구는 순금 한 달란트로 만들었더라"(출 37:17-24).

현재 이스라엘 민족과 국가의 상징은 삼
각형 두 개를 반대로 겹쳐 놓은 '다비드의 별'입니다.
이 '다비드의 별'의 출처와 유래가 무엇인지 그리고 그
것이 왜 유대인과 이스라엘의 상징이 되었는지는 정확
하지 않습니다. 다만 이것을 '마겐 다비드'(다윗의 방패)라
고 부르는 것으로 보아 이것이 다윗 왕가의 문장이 아
니었을까 하는 추측을 해 봅니다.

　'다비드의 별'이 유대인의 상징으로 공식적으로 사
용된 것은 1897년 1차 시온주의 운동 때였고, 역사적
으로 가장 유명해진 것은 히틀러의 나치 정권에 의해
홀로코스트라는 유대인 학살이 일어났을 때 유대인들

의 가슴에 이 노란 별을 붙이면서입니다. 그래서인지 1948년에 이스라엘이 독립하면서 국기에 이 별이 들어가게 되었습니다. 하지만 분명한 것은, 이 '다비드의 별'은 성경에 나오지 않는, 성경적인 유래가 없는 문양이라는 것입니다.

사실 유대인 그리고 유대교의 진짜 상징은 따로 있습니다. 지금도 유대인의 모임이나 조직 등에서 가장 많이 사용하는 상징입니다. 그것은 바로 '메노라'라고 하는 등잔대입니다. 이것은 '다비드의 별'과는 달리 성경적 근거와 영적인 의미가 아주 분명하고 확실합니다. 이것은 바로 성소에 있는 세 가지 기물 가운데 하나이기 때문입니다. 그래서 저는 진정한 의미에서의 하나님 백성의 상징은 바로 이 '메노라'라고 생각합니다.

바로 이 '메노라', '등잔대'를 보면서 하나님의 백성은 어떻게 살아야 하는지, 특히 하나님의 사람은 예배자로서 어떻해야 하는지에 관한 비밀을 함께 살펴보기 원합니다.

예배는 빛의 역사다

먼저 보아야 할 것은, '등잔대는 무엇으로 만들었든지 그리고 어디에 있든지 등잔대라는 것'입니다. 그것이 순금으로 만들어졌고, 특별한 꽃 형상을 조각해 넣었고, 일곱 개의 가지로 되어 있는 등 여러 가지 요소를 포함하고 있지만, 기본적으로 일곱 개의 등잔을 올려 놓을 수 있는 등잔대라는 사실에는 아무런 차이가 없습니다. '메노라'라는 말은 '빛'이라는 뜻의 '오르'에서 온 것입니다. 즉, 등잔대는 전적으로 '빛'과 연관되어 있다는 것입니다. 그러므로 등잔대의 메시지는 이것입니다. '예배를 통해 우리 심령 속에 일어나는 역사는 빛이요, 밝음'이라는 것입니다.

그렇습니다. 예배는 그 자체가 빛으로 나오는 것이고, 예배를 통해 모든 심령이 어두움에서 밝음으로 바뀌는 것입니다. 예배가 어둡고, 침침하고, 예배자들이 여전히 어두움 가운데 있다면 그것은 예배가 아닙니다. 예배는 밝아야 합니다. 예배를 드리는 사람들의 모든 심령이 밝아져야 합니다. 그것이 참된 예배입니다.

개인적으로 가장 기억에 남는 예배가 있습니다. 멕시코의 유카탄 반도, 칸쿤 근처의 어느 시골에서 드린 예배였습니다. 우리는 칸쿤을 세계적인 휴양지요, 정말 기가 막히게 멋있는 해변에 좋은 호텔들이 즐비한 곳으로 알고 있지만, 거기에서 불과 한 시간 정도 떨어진 곳에는 정말 어렵고 힘들게 사는 사람들이 많습니다. 그곳에 방문했을 때 ANC(All Nations Church) 온누리교회에서 세운 '후아레스 신학교'를 졸업한 학생이 섬기는 교회에 잠깐 들를 기회가 있었는데, 주 중 저녁 예배 시간이었습니다. 아이들까지 50여 명 정도 되는 꽤 많은 사람들이 모였습니다. 원래는 잠깐의 방문이었는데, 갑작스럽게 설교 요청을 받았습니다. 참 당황스러웠지만, '목사는 언제나 떠날 준비, 죽을 준비, 설교할 준비가 되어 있어야 한다'는 신학교 교수님의 말씀이 생각나, 정말 성령만 의지하고 나가서 설교를 시작했습니다.

통역으로 하는 설교였지만, 제 생애 정말 기억에 남

는 은혜가 있었습니다. 그런데 그렇게 된 이유는 저의 순발력이 강해서가 아닙니다. 성령님이 급하니까 도와주신 것 때문이기도 하지만, 무엇보다 설교 전 찬양하며 예배하는 시간에 제가 너무나 충격적인 은혜를 이미 받았기 때문입니다. 가난하고 힘들어 보이는 환경 속에 있는 사람들이 그렇게 아름답고 기쁘게 찬양할 수가 없었습니다. 남녀노소를 불문하고 기뻐 뛰어 찬양하며 서로 축복하고 예배하는 모습이 너무나도 아름다웠습니다. 비록 움막 같은 가건물 예배당에 조명이라고는 어두컴컴한 등 한두 개가 전부였지만, 정말 밝았습니다. 모두의 표정도, 그곳의 분위기도, 찬양하고 기도하는 모습도 어떻게 이럴 수 있나 싶을 정도로 기쁨이 가득하고 밝은 모습에 제가 은혜를 받았습니다. 설교의 내용과 상관없이 은혜가 될 수밖에 없었습니다.

그렇습니다. 예배는 이렇게 밝아야 합니다. 예배는 빛의 역사입니다. 물론 통곡하고 회개하는 예배도 있을 수 있습니다. 그러나 그것으로 끝나서는 안 됩니다.

진정한 예배는 그 예배 가운데 어두움이 물러가고 밝게 빛나는 역사가 있어야 하는 것입니다.

그러면 우리는 예배를 통해 어떻게 밝음을 경험할 수 있습니까? 그 밝음은 우리 내면과 삶 속에 어떤 역사를 일으킵니까? 앞에서 말한 등잔대는 성소의 등잔대인바, 그 밝음은 하나님의 빛입니다. 오직 하나님의 빛이 우리의 심령을 밝게 해야 하는 것입니다.

역사를 보면 인간에게 여러 번 밝음의 역사가 있었습니다. 하지만 그 밝음의 대부분은 결국 인간에게 크나큰 고통이 되었습니다. 근대의 시작을 알리는 계몽주의나 발달된 현대 문명을 보십시오. 현대 문명이 겪는 대부분의 고통은 여기에서 비롯되었습니다. 밝아지기는 했지만 그것이 인간을 오히려 더 힘들게 할 수 있다는 것입니다. 한마디로 인간의 밝음의 역사는 에덴동산에서 선악과를 따 먹는 순간 눈이 밝아져 스스로 벌거벗은 것을 보고 무화과나무 잎으로 가린 후 두려움에 숨어야 했던 그 역사의 반복인 것입니다. 그렇다고 우리의 신앙이 반지성주의는 아닙니다. 지성을 무조건적으로 거부한다는 것은 절대 아닙니다. 다만 그 밝음이 반드시 하나님으로부터 와야 한다는 것입니다.

구약에 약속된 메노라의 은혜

그러면 구체적으로, 하나님으로부터의 밝음은 어떻게 올까요? 등잔대는 순금으로 살구꽃 형상의 등잔 받침을 조각하게 되어 있습니다. 왜 하필 살구꽃일까요? 그냥 예뻐서 그런 것은 아닙니다. 거기에는 분명 의미가 있습니다. 살구꽃은 사실 우리말 번역이고, 정확히는 영어 번역 그대로 '아몬드 꽃'입니다. 그런데 당시 우리말에는 '아몬드'가 없었기 때문에 살구꽃으로 번역한 것입니다.

그러면 왜 하필 아몬드일까요? 아몬드에 어떤 특별한 효능이 있어서일까요? 어떤 히브리 대학의 한 유대인 교수는 아몬드가 겨울이 지나고 봄이 오면 가장 먼저 꽃을 피우기에 생명과 능력을 상징해서 그렇다고 하는데, 그것이 틀린 말은 아니지만 성경적인 근거는 없습니다. 정확한 의미는 아몬드라는 히브리어 단어에 있습니다. 아몬드는 히브리어로 '쇠카드'입니다. 여기서 더 중요한 것은 바로 이 단어의 본뜻입니다. '쇠카드'라는 말의 본래의 뜻은 '경계하다, 잠자지 않다, 밤새다, 방심하지 않다'입니다. 바로 이 단어를 그대로 이름 붙인 것이 아몬드, 곧 쇠카드인 것입니다. 그리고 그것이 바로 메노라인 것입니다.

무엇이 떠오릅니까? 성경의 어느 말씀이 생각납니까? 시편 121편이 떠오르지 않습니까?

"내가 산을 향하여 눈을 들리라 나의 도움이 어디서 올까 나의 도움은 천지를 지으신 여호와에게서로다 여호와께서 너를 실족하지 아니하게 하시며 너를 지키시는 이가 졸지 아니하시리로다 이스라엘을 지키시는 이는 졸지도 아니하시고 주무시지도 아니하시리로다 여호와는 너를 지키시는 이시라 여호와께서 네 오른쪽에서 네 그늘이 되시나니 낮의 해가 너를 상하게 하지 아니하며 밤의 달도 너를 해치지 아니하리로다 여호와께서 너를 지켜 모든 환난을 면하게 하시며 또 네 영혼을 지키시리로다 여호와께서 너의 출입을 지금부터 영원까지 지키시리로다"(시 121:1-8).

그것은 꺼지지 않는 불이고, 그 불은 바로 우리 인생을 지금도 그렇게 지키고 살피시는 하나님의 빛이요, 성품이요, 그분의 역사하심을 나타내는 것입니다. 그래서 다른 것이 아닌 '쇠카드'를 등잔 받침으로 새긴 것입니다.

예레미야 이야기

이런 단어의 뜻을 가지고 말씀하신 것이 바로 예레미야 1장에 나오는 이야기입니다.

"여호와의 말씀이 또 내게 임하니라 이르시되 예레미야야 네가 무엇을 보느냐 하시매 내가 대답하되 내가 살구나무 가지를 보나이다 여호와께서 내게 이르시되 네가

잘 보았도다 이는 내가 내 말을 지켜 그대로 이루려 함
이라 하시니라"(렘 1:11-12).

하나님은 그렇게 신실하시고, 하나님의 섭리는 그렇
게 지금도 우리 위에 역사하고 있습니다. 바로 그것을
깨닫고 그 신실하신 하나님을 만날 때, 그때 우리 심령
가운데 일어나는 것이 빛의 역사입니다. 언제가 어둠
입니까? 하나님이 나를 떠나셨다고 생각할 때입니다.
언제가 고통입니까? 하나님이 안 계신다고 생각할 때,
하나님이 나를 잊으셨다고 생각할 때가 고통인 것입니
다. 얼마나 캄캄합니까? 그런데 보십시오. 하나님은 우
리를 떠나지 않으셨습니다. 우리는 몰랐지만, 하나님
은 우리와 함께 계셨습니다. 이것을 깨닫는 순간 우리
안에 일어나는 것이 빛의 역사요, 이것이 곧 메노라입
니다. 그러므로 성소 예배에서 가장 중요한 것은 '눈을
열어서 보는 것'입니다. 우리가 눈을 열기만 하면, 바로
그 하나님의 신실하신 역사와 섭리를 볼 수 있기 때문
입니다.

〈내 맘의 눈을 여소서〉(Open the eyes of my heart)라는 찬양이 있습니다. 이 찬양을 부르면서 깨닫는 것은, 우리가 예배 중에 눈이 떠져야 한다는 것입니다. 주를 보기 원하는 간절한 마음을 가져야 한다는 것입니다. 이 찬양의 가사에 계속 반복되고 있는 그대로 '주 보게 하소서'(I want to see you) 하는 마음을 가져야 한다는 것입니다. 그렇게 눈을 열어서 보는 것은 바로 지금도 나를 지키고 내 삶을 인도하시는, 내 삶 가운데 역사하시는 하나님입니다.

야곱 이야기

'쇠카드'와 연결된 또 하나의 비밀이 있습니다. 그것은 창세기 28장에 나오는 야곱의 이야기입니다. 거기에 보면, 야곱이 아버지를 속이고 형 에서의 축복을 가로챈 후 형의 보복이 두려워 고향을 떠나 하란으로 가는 길에 빈 들에서 하룻밤을 자는 이야기가 나옵니다. 정말 힘든 시간이었습니다. 그의 두려움과 불안한 마음은 밤보다 더 어두웠고, 그의 외로움과 무서움은 빈 들보다 훨씬 더 컸습니다. 그런 마음으로 그렇게 힘들게 빈 들에서 자는데, 그때 꿈에 하늘에까지 닿은 사다리가 보이고, 하나님의 사자들이 그 위로 오르락내리락하는 가운데 하나님이 그 위에서 말씀하시는 아브라함의 언약을 듣게 됩니다.

> "내가 너와 함께 있어 네가 어디로 가든지 너를 지키
> 며 너를 이끌어 이 땅으로 돌아오게 할지라 내가 네게
> 허락한 것을 다 이루기까지 너를 떠나지 아니하리라"
> (창 28:15).

그 순간 그는 일어나, "여호와께서 과연 여기 계시거늘 내가 알지 못하였도다 … 이것은 다름 아닌 하나님의 집이요 이는 하늘의 문이로다"(창 28:16-17)라고 고백하고 선포하면서, 그곳에 자신이 베었던 돌베개를 세워 기둥으로 삼고 거기에 기름을 부어 그곳을 '벧엘', 즉 하나님의 집이라고 명명합니다. 그리고 성경은 그곳의 옛 이름이 '루스'였다는 것을 기록하고 있습니다.

여기서 '루스'는 '쇠카드'와 같은 뜻의 '아몬드나무'입니다. 그리고 야곱이 그곳에 붙인 새 이름 '벧엘'은 '성막'과 같은 뜻의 '하나님의 집'입니다. 따라서 이 '아몬드나무' 등잔대에 담긴 빛 되신 하나님의 역사는 바로 야곱이 체험한 벧엘의 은혜를 말하는 것입니다. 새찬송가 370장(《주 안에 있는 나에게》)의 고백 그대로 "그 두려움이 변하여 내 기도 되었고, 전날의 한숨 변하여 내 노래 되었네"의 역사가 일어난 바로 그 체험 말입니다.

이 찬송가 가사에는 스토리가 있습니다. 이 찬송시를 지은 사람은 엘리자 히윗(Eliza Edmunds Hewitt)으로, 독신의 몸으로 하나님이 맡기신 아이들을 교육하는 일에 헌신한 사람이었습니다. 그런데 문제 있는 학생의 퇴학 문제를 막기 위해 그를 찾아가 타이르고 권면하는 가운데, 그 학생으로 인해 척추 뼈가 부러지는 엄청난 부상을 당하게 됩니다. 전신을 석고 붕대로 감은 채 병원 침대에 누워 평생을 불구로 살아야 할지도 모른다는 두려움과 그 학생에 대한 분노와 싸우고 있는데, 그

때 병실을 청소하는 흑인 여자가 찬송을 흥얼거리면서 일하는 것을 보게 됩니다. 그 당시 흑인으로서 그렇게 청소하며 사는 인생이 얼마나 힘든지를 아는데 찬송을 흥얼거리는 것이 너무도 이상해서, "청소하는 것이 무엇이 좋아 그렇게 찬송을 합니까?" 물었더니 다음과 같은 대답이 돌아왔습니다. "힘들고 어렵지만, 주님이 함께하시니까요. 주님이 힘 주시니까요." 그 대답을 듣는 엘리자 히윗의 마음에 빛이 임했고, 그래서 만든 찬송시가 바로 〈주 안에 있는 나에게〉의 가사가 되었습니다. 결국 그 마음으로 기도하고 찬양하면서 마음속에 먼저 밝음이 왔고, 후에는 몸도 회복되는 은혜를 누리게 되었습니다. 이것이 바로 메노라의 은혜, 메노라의 역사인 것입니다.

모세 이야기

이 등잔대의 직접적인 근원이 되는 또 하나의 이야기가 있습니다. 바로 거기에 이 하나님의 빛으로 밝아지는 역사의 비밀이 그대로 드러나 있습니다. 그것은 바로 출애굽기 3장에 등장하는 호렙 산의 떨기나무입니다. 수많은 학자들은 '메노라'의 오리지널이 바로 '호렙산의 불붙은 떨기나무'라고 이야기합니다.

호렙 산의 불붙은 떨기나무에서 어떤 역사가 있었습니까? 거기에서 모세에게 어떤 일이 일어났습니까? 장인의 양을 치면서 그 삶에 아무런 목적도 의미도 열정도 없이 그야말로 죽어 가던 그가 바로 거기서 여호와 하나님을 만나게 됩니다. 그러면서 이스라엘 백성을 애굽에서 구원해 내어 약속의 땅까지 인도하고, 또 그들에게 율법을 전해 주어 하나님 나라를 이루는 삶으로 바뀌는 역사가 일어나게 됩니다. 그것이 바로 예배 가운데 일어나는 '메노라의 역사'입니다. 삶의 방향과 의미를 잃었던 사람들, 그래서 그 마음에 어떤 열정도, 소망도 없이 사실은 하루하루 죽어 가던 인생이, 자신을 찾아오시고, 기억하시고, 만나 주시고, 거룩한 사명을 맡기시는 하나님의 그 언약의 말씀, 그 사랑 때문에 감동적이고 아름다운 인생으로 바뀌는 바로 그 역사가 일어나는 것입니다.

아론 이야기

'쇼카드'에서 발견할 수 있는 또 하나의 이야기는, 그 살구나무가 바로 아론의 지팡이와 연관이 있다는 것입니다. 민수기 17장에서 사람들이 아론의 리더십에 대해 이의를 제기했을 때, 하나님은 각 지파의 족장들에게 지팡이를 가져오게 하신 후 레위 지파에 속한 아론의 지팡이에서 싹이 나고 살구 열매가 열리게 하셨습니다. 그리고 그것을 증거궤 앞, 즉 지성소에 두게 하셨습니다.

이것은 무엇을 말합니까? 하나님은 당신이 선택한 사람에 대해 보증이 되어 주신다는 것입니다. 그리고 그를 세워 주시는 은혜를 베푸신다는 것입니다. 그렇습니다. '메노라의 은혜', 이것은 하나님이 내 편이 되시는 은혜입니다. 그리고 바로 그 은혜를 받게 되면, 세상 어떤 공격과 비난도 두렵지 않습니다. 하나님이 내 편이신데, 하나님이 나를 지켜 주시는데 무엇이 문제입니까? 마귀가 어떻게 할 수 있겠습니까?

한 여자 집사님의 간증을 들은 적이 있습니다. 가족

가운데서 억울하게 비난받고 공격을 받는데, 심지어 자기 남편조차도 거기에 합세하는 순간 정말 다 뒤집어 버리고 싶은 분노가 일더랍니다. 그럼에도 신앙이 있다는 이유만으로 할 말 못 하고 지옥 같은 마음으로 예배를 드리는데, 기도 가운데 하나님이 말씀하시더랍니다. '네가 정말 억울하겠다. 그러나 나는 너를 안다. 그리고 나는 네 편이다. 내가 반드시 너를 영예롭게 하겠다. 그들이 네 앞에서 부끄러워할 것이다.' 그래서 한없이 울면서 감사드리고, 힘을 얻어서 나아갔다고 합니다. 그리고 결국은 하나님이 그 모든 사람 앞에서 그의 존엄성을 매우 멋지게 세워 주셨다고 합니다.

지금 우리가 드리는 예배 가운데도 바로 그 '메노라의 은혜, 메노라의 역사'가 일어납니다. 그렇게 캄캄하고 어두웠던 마음들이 예배를 통해 여전히 사랑하시는 하나님을 만날 때, 그 신실하신 언약을 다시 한 번 부여잡을 때, 그렇게 밝고 힘 있고 담대하게 찬양하며 나아갈 수 있게 하시는 것입니다. 찬양할 때, 예배할 때,

기도할 때마다 바로 이 '메노라의 역사'가 우리에게도

반드시 일어나야 할 것입니다.

질문

1. 당신에게 있어 가장 기억에 남는 예배가 있다면 언제입니까?

2. 인간으로부터 비롯된 밝음과 하나님으로부터 비롯된 밝음에는 어떤 차이가 있습니까?

3. 예배 안에서 '메노라의 은혜'를 누리기 위해 당신이 붙잡아야 할 것이 있다면 무엇입니까?

5. 분향단

하나님에게 드리는
향기로운 기도

"너는 분향할 제단을 만들지니 곧 조각목으로 만들되 길이가 한 규빗, 너비가 한 규빗으로 네모가 반듯하게 하고 높이는 두 규빗으로 하며 그 뿔을 그것과 이어지게 하고 제단 상면과 전후좌우 면과 뿔을 순금으로 싸고 주위에 금테를 두를지며 금테 아래 양쪽에 금 고리 둘을 만들되 곧 그 양쪽에 만들지니 이는 제단을 메는 채를 꿸 곳이며 그 채를 조각목으로 만들고 금으로 싸고 그 제단을 증거궤 위 속죄소 맞은편 곧 증거궤 앞에 있는 휘장 밖에 두라 그 속죄소는 내가 너와 만날 곳이며 아론이 아침마다 그 위에 향기로운 향을 사르되 등불을 손질할 때에 사를지며 또 저녁 때 등불을 켤 때에 사를지니 이 향은 너희가 대대로 여호와 앞에 끊지 못할지며 너희는 그 위에 다른 향을 사르지 말며 번제나 소제를 드리지 말며 전제의 술을 붓지 말며 아론이 일 년에 한 번씩 이 향단 뿔을 위하여 속죄하되 속죄제의 피로 일 년에 한 번씩 대대로 속죄할지니라 이 제단은 여호와께 지극히 거룩하니라"(출 30:1-10).

'기도는 하나님과의 대화입니다.' 신앙생활을 하면서 아직도 이 기본적인 정의를 모르고 있는 사람이 있다면, 그것은 그의 신앙생활이 주변에만 머물러 있다는 뜻입니다. 신앙생활의 본궤도에 오르지 못했다는 것입니다. 신앙생활이란 살아 계신 하나님과 인격적으로 만나야 제대로 시작되는 것이기 때문입니다.

신앙생활의 정도를 묻는 두 가지 질문이 있습니다. 첫째는, '거듭났습니까?'입니다. 중생의 체험이 있느냐는 것입니다. 이는 영적 신분에 대한 질문입니다. 둘째는, '하나님을 인격적으로 만났습니까?'입니다. 이것은 영적 생활의 상태를 묻는 질문입니다. 이 둘은 서로 통합니다. 거듭나는 것은 예수 그리스도를 자신의 구주로 인격적으로 고백하고 모셔 들이는 것으로, 그렇게 되면 이제 하나님을 '아빠 아버지'라고 부를 수 있게 됩니다. 그러면서 하나님을 인격적으로 만나고 교제하므로, 이는 같은 것입니다. 같이 연결된 것입니다.

하나님을 인격적으로 만난 사람들은 하나님과 계속 인격적인 교제 가운데 있게 되는데, 그러한 인격적인 교제의 삶에 있어 아주 중요한 부분, 핵심적인 부분이 '기도 생활'입니다. 왜냐하면 '기도는 하나님과의 대화'이기 때문입니다. 사람과 사람 사이에도 인격적인 교제의 가장 실제적인 것은 대화입니다.

기도는 영적인 동시에 다분히 '인격적'인 작업입니다. 하나님과의 대화를 무엇으로 합니까? 영으로 합니까? 물론 하나님과 영으로도 교제하지만, 또 인간이 영적인 동물인 것은 맞지만, 우리의 인격이 영적인 통로를 통해 하나님과 대화하고 교제하는 것이 바로 기도입니다. 그래서 하나님은 '분향단'을 지성소가 아닌 성소에 위치하도록 하신 것입니다. 우리 인격의 자리에서 영이신 하나님과 영적인 교제를 하는 것이 기도라는 것을 강조하면서 말입니다.

사람들의 간증을 듣다 보면, 종종 입신 상태에서 기도했다는 이야기가 나옵니다. 기도는 하는데, 자기 자신은 무슨 기도를 하는지 알지 못하고 영으로 기도하더라는 것입니다. 그런데 이것은 엄밀하게 말해서 올바른 기도가 아닙니다. 저는 입신이나 여러 가지 은사를 인정하고 소중하게 생각하지만, 입신 상태에서의 기도는 진정한 기도라고 할 수 없습니다.

그런 의미에서 방언 기도도 마찬가지입니다. 방언은 정말 귀한 은사고, 이것은 특별히 기도의 은사인 것이 맞지만, 방언으로 기도하면서 자신이 무슨 기도를 하는지 그 내용을 전혀 모르고 있다면, 그것은 진정한 의미에서 기도라고 할 수 없습니다. 단지 입신하는 것처럼 영이신 하나님과 영적인 교제를 하는 특별한 은사일 뿐입니다. 그래서 성경은, "그러므로 방언을 말하는 자는 통역하기를 기도할지니 내가 만일 방언으로 기도하면 나의 영이 기도하거니와 나의 마음은 열매를 맺지 못하리라"(고전 14:13-14)라고 말씀하는 것입니다. 무슨 말입니까? 교회 안에서 방언으로 기도할 때, 통역(통역의 은사)이 없으면 그것을 하지 말라는 것입니다. 방언으로 알아들을 수 없는 말을 계속하는 것은 진정한 기도가 아니라는 것입니다.

휘장을 지나 지성소 안으로

그렇습니다. 기도는 우리의 혼 가운데서 일어나는, 우리의 인격으로 살아 계신 하나님과 교제하는 것입니다. 이것이 분향단을 성소에 두게 하신 하나님의 뜻입니다. 분향단을 성소에 두게 하셨지만, 하나님은 그 위치에 대해 아주 분명하고 강력하게 말씀하고 계십니다. 우리는 이것을 또한 주목해야 합니다.

"그 제단을 증거궤 위 속죄소 맞은편 곧 증거궤 앞에

있는 휘장 밖에 두라 그 속죄소는 내가 너와 만날 곳이

며"(출 30:6).

비록 분향단은 성소에 있지만, 그 위치는 바로 지성
소의 증거궤 위, 곧 속죄소의 맞은편이라는 것입니다.
비록 지성소와 성소 사이에 휘장이 있어 구분은 되지
만, 분향단은 언제나 속죄소의 맞은편에 위치한다는
것입니다.

여기에는 기도에 대한 기가 막힌 비밀이 들어 있습
니다. 비록 우리의 기도가 때로 우리의 생각과 감정,
언어로 이루어진 우리만의 작업인 것처럼 느껴질 때
도 있지만, 그것이 혼자만의 넋두리가 아니라 하나님
의 이름을 부르며 그분에게 부르짖는 기도인 한, 그것
은 언제나 하나님의 임재의 자리인 속죄소 앞에 있다
는 사실을 기억하십시오. 어디서 기도해도 마찬가지입
니다. 일터든, 삶의 어떤 자리든, 혹은 힘든 상황에서
드리는 것이든 상관없이, 기도하는 순간 그 앞에는 속
죄소가 자리하고 있다는 것입니다. 나의 모든 죄를 용

서하시는 속죄소 앞에 있는 것이 바로 우리의 기도라는 것입니다.

다만 안타까운 것은 지성소와 성소를 가르고 있는 '휘장'입니다. 분향단과 속죄소 사이에 휘장이 가로막고 있어서 막혀 있는 것입니다. 그래서 우리의 혼적인 모든 간구와 고백이 지성소에까지 다다를 수 없는 것입니다. 이것이 안타까운 것입니다. 하지만 바로 그 지성소와 성소 사이의 휘장을 둘로 갈라 찢어지게 하신 분이 있습니다. 바로 예수 그리스도이십니다. 이것은 문학적 또는 상징적 표현이 아니라, 영적 사실입니다. 우리의 기도가 있는 성소와 기도를 받으시는 지성소, 그 사이를 가로막고 있는 휘장을 갈라서 찢고 열어 놓으신 분이 바로 예수 그리스도라는 것입니다.

"이에 성소 휘장이 위로부터 아래까지 찢어져 둘이 되고 땅이 진동하며 바위가 터지고"(마 27:51).

"그러므로 형제들아 우리가 예수의 피를 힘입어 성소에

들어갈 담력을 얻었나니 그 길은 우리를 위하여 휘장 가운데로 열어 놓으신 새로운 살 길이요 휘장은 곧 그의 육체니라"(히 10:19-20).

그러므로 누구든지 예수 그리스도의 이름으로 기도하기만 하면, 우리가 느끼든 느끼지 못하든, 그것은 바로 주님이 갈보리에서 그 몸이 찢기면서 열어 놓으신 그 휘장을 지나 지성소 안, 속죄소까지 다다르게 되는 것입니다. 그것이 우리의 기도입니다.

많은 사람들이 기도를 하찮게 여깁니다. 생일 케이크에 꽂힌 촛불을 끄며 소원을 비는 것처럼 가볍게 여깁니다. 우리의 기도는 그런 것이 아닙니다. 희망 사항이 아니라, 영적 사건이요, 영적 역사입니다. 예수 그리스도의 이름으로 기도하는 순간, 휘장이 찢어지는 것입니다. 하나님의 임재가 있는 속죄소까지 가는 것입니다. 이것이 우리의 기도입니다. 우리는 기도의 중요성을 깨달을 필요가 있습니다.

하나님 중심의 기도를 드리라

분향단 위에 향을 피워 올리는 것을 기도라고 한다면, 여기에는 우리가 기억해야 할 기도에 대한 아주 중요한 몇 가지의 메시지가 있습니다. 첫째, 기도는 단지 우리의 필요에 의한 것이 아니라 하나님의 명령이라는 것입니다. 기도가 천박해지고 왜곡되는 가장 큰 이유는, 기도를 우리의 필요를 채우기 위해 하나님에게 부르짖고 간구하는 것으로만 이해하기 때문입니다. 이런 기도는 아무리 그것이 하나님에게 그리고 예수 그리스도의 이름으로 하는 것이라 해도 '샤머니즘적인 성격'을 벗어날 수가 없고, '기복적인 기원'의 수준을 넘어설 수가 없습니다. 아무리 하나님에게 부르짖는다 하더라도 그 기도의 중심이 우리 자신이요, 우리 자신의 필요인 이기적인 것에 불과할 수밖에 없다는 것입니다.

《래리 크랩의 파파 기도》(IVP 역간)라는 책이 있습니다. 기도의 함정을 파악한 아주 새롭고 신선한 책입니다. 이 책의 저자인 래리 크랩(Larry Crabb)은 간청형 기도에서 관계형 기도로 가야 한다며, 그 관계형 기도를 일명 'PAPA 기도'라고 불렀습니다. 여기서 PAPA는 아버지를 의미하는 동시에 다음 네 단어의 앞 글자이기도 합니다.

- Present: 자신을 꾸밈없이 하나님 앞에 내어놓으라
- Attend: 하나님에게 온전히 주목하라
- Purge: 하나님과의 관계를 가로막는 것은 무엇이든 쏟아 버리라
- Approach: 하나님을 기뻐하고 존귀하게 여기며, 그분에게 더 가까이 다가가라

'파파 기도', 이것은 참된 기도의 기본입니다. 기도의 중심이 기도하는 내가 아닌, 기도를 받으시는 하나님이 되어야 한다는 면에서 말입니다. 바로 이것이 하나님이 성소에 분향단을 두고 거기에 분향을 하도록 명령하신 것 속에 담겨 있는 기도에 대한 너무나도 중요

한 메시지인 것입니다.

> "아론이 아침마다 그 위에 향기로운 향을 사르되 등불을 손질할 때에 사를지며 또 저녁 때 등불을 켤 때에 사를지니 이 향은 너희가 대대로 여호와 앞에 끊지 못할지며"(출 30:7-8).

"이 향은 너희가 대대로 여호와 앞에 끊지 못할지며." 우리는 기도의 패러다임을 바꾸어야 합니다. 우리가 필요해서 하나님에게 기도하는 것뿐 아니라, 하나님이 그렇게 명령하셨기에 기도해야 한다는 것을 잊지 마십시오. 하나님이 그렇게 명령하셨다는 것은, 그것이 성도의 아름다운 삶을 사는 데 꼭 필요한 것이기에 그렇습니다. 그리고 동시에 그것이 하나님에게 영광이 되기에 그렇게 말씀하신 것입니다.

당신의 삶의 목적이 하나님에게 영광 돌리며 그분을 기쁘시게 하는 것이라면, 기도를 멈추지 마십시오. 우리의 기도는 곧 하나님에게 분향하는 것이고, 그것은

곧 하나님에게 말할 수 없는 영광을 올려 드리는 것이
됩니다.

적어도 아침과 저녁에 향을 피워 올린다는 것을 문
자적으로 적용해 보십시오. 이미 그 이상으로 하고 있
는 사람도 있겠지만, 적어도 하루에 두 번은 기도하면
서 살자는 것입니다. 그러면 우리의 삶이 영적으로 밝
아질 것입니다. 깨끗하고 아름다워질 것입니다. 당신
뿐 아니라, 당신 주변까지도 그렇게 될 것입니다.

향기로운 기도를 드리라

또 하나, 기도에 관한 아주 중요한 메시지가 있습니다.

> "아론이 아침마다 그 위에 향기로운 향을 사르되 등불
> 을 손질할 때에 사를지며"(출 30:7).

특별히 강조하는 것이 무엇입니까? 향기로워야 한

다는 것입니다. 우리의 기도가 하나님이 기뻐하시는 온전한 기도가 되려면, 그 기도 가운데 인격에서 나오는 향기가 있어야 한다는 것입니다.

헨리 클라우드(Henry Cloud)의 《향기 나는 인격 만들기》(순출판사 역간)라는 책이 있습니다. 이 책의 원래 제목은 《Changes That Heal》입니다. 우리말로 옮겨진 제목이 원래의 제목이나 의도와는 조금 다른 뉘앙스가 풍기지만, 어떻게 보면 이 책의 내용을 가장 잘 반영한 제목이라 할 수 있습니다. 그렇습니다. 인격이 아름답게 변화되면, 그것은 바로 향기 나는 인격이 됩니다. 하나님이 원래 우리에게 주신 당신 형상대로의 인격은 향기 나는 인격이라는 것입니다. 당신은 사람의 인격에서 향기가 나는 것을 경험해 본 적이 있습니까? 저는 참 많이 경험합니다. 그리고 그때 정말 행복합니다.

기도의 응답은 다른 방법으로 오지 않습니다. 오직 하나님이 감동하셔야 옵니다. 이때 하나님을 감동시키는 것이 무엇입니까? 바로 '기도하는 사람의 인격에서 나오는 향기'입니다. 기도하는 사람의 인격에서 향기가 나야 그것이 하나님을 감동시키고, 그래야 그 기도에 하나님이 응답하시는 것입니다. 그렇다면 구체적으로 어떤 향기가 나야 할까요? 그것은 분향단에 분향할 향품을 만들도록 하신 말씀 속에 그대로 들어 있습니다.

> "여호와께서 모세에게 이르시되 너는 소합향과 나감향과 풍자향의 향품을 가져다가 그 향품을 유향에 섞되 각기 같은 분량으로 하고 그것으로 향을 만들되 향 만드는 법대로 만들고 그것에 소금을 쳐서 성결하게 하고"
> (출 30:34-35).

분향하는 향품은 기본적으로 세 가지의 향품을 섞어서 만듭니다. 그것이 '소합향, 나감향, 풍자향'입니다. 이것이 정확히 어떤 향품인지 그리고 왜 꼭 이 향품이어야 하는지는 알 수 없지만, 각각의 향이 가진 의미가 바로 우리가 하나님을 감동시키는 그 인격의 향기를 그대로 말해 주고 있는 것은 분명합니다.

소합향(나타프: 물방울, 배어나옴)

향기 나는 인격은 바로 '배어나는 것'입니다. 그것은
그의 겉이 아니라 중심으로부터 배어나서 맺히는 것
입니다. 표면과 표피만의 고백과 언어들은 절대로 하
나님 앞에 향기로운 기도가 될 수 없습니다. 자신의 중
심에서 나오는 고백과 언어들이 향기로운 기도인 것
입니다.

나감향(쉐헬레트: 껍질, 깨어짐)

나감향은 조개껍질 같은 것을 부술 때 나오는 향이라
고 합니다. 그런데 그 말 자체는 부서지고 깨어진다는
뜻입니다. 하나님 앞에서 우리의 자아와 고집, 생각, 편
견들이 깨어져야 합니다. 깨어질 것이 깨어지지 않는
인격은 향기로운 인격이 아닙니다. 그러나 깨어질 것
이 깨어질 때, 거기에서 향기가 납니다. 하나님이 받으
실 향기로운 기도는 하나님 앞에서 스스로가 깨어지고
부서지는 바로 그런 기도입니다. 솔직함이라는 말로도
표현될 수 있고, 회개라는 말을 써도 좋습니다. 깨달음

과 변화라는 말을 써도 좋습니다. 그런 것이 향기 나는 인격입니다.

풍자향(헬베나: 기름지다)

이것은 나무의 뿌리에서 나오는 수지, 송진 같은 것에 배어 있는 향으로서, 이 향의 가장 큰 특징은 기름지다 는 것입니다. 향기로운 인격은 기름진 것입니다. 윤택 한 것입니다. 믿고 신뢰하고 기다리는 가운데 나타나 는 그 여유로움과 윤택함이 바로 향기로운 기도입니 다. 조급하거나 안달하지 않는, 건조하지 않은 그런 모 습 말입니다. '온유함'이 바로 이것을 말하는 것입니다. 하나님을 믿고 신뢰하기에 기다릴 수 있는 것, 맡길 수 있는 것, 이것이 바로 향기 나는 기도입니다.

우리의 기도에서는 바로 이런 인격의 향기가 나야 합니다. 그런데 말씀에 보면, 이 세 가지의 향품을 그 대로 사용하지 않고 '유향'에 섞어야 한다고 되어 있습 니다. 유향이란 무엇입니까? 예수님이 탄생하셨을 때

동방박사들이 가져온 예물 중에 들어 있는 바로 그 유향입니다. 동방박사들이 드린 세 가지 예물은 '왕과 제사장과 선지자'이신 메시아 예수님에게 드린 예물로서, 그중에 황금이 왕을, 몰약이 선지자를 의미한다면, 유향은 바로 제사장을 의미하는 것입니다.

그렇다면 소합향과 나감향과 풍자향을 유향에 섞어야 한다는 것은 무슨 말입니까? 우리의 중심, 곧 회개와 깨어짐에서 오는 인격의 향기 그리고 신뢰함에서 오는 풍요로움과 여유로움, 즉 온유함의 향기가 반드시 하나님을 사랑하고 그분에게 온전히 삶을 올려 드리는 헌신 가운데 담겨야 진짜 기도라는 것입니다. 사람 자체가 인격적으로 향기로운 것은 향기로운 기도가 될 수 없습니다. 그런 인격으로 온전히 하나님을 사랑하고 섬기려 할 때, 그것이 정말 감당 못할 향기로움으로 나와 하나님을 감동시키는 것입니다.

그리고 한 가지 더, 이 향품에는 반드시 '소금'을 더해야 합니다. 그런데 성경에 나오는 '소금'은 언제나 언약을 의미합니다.

"네 모든 소제물에 소금을 치라 네 하나님의 언약의 소금을 네 소제에 빼지 못할지니 네 모든 예물에 소금을 드릴지니라"(레 2:13).

"이스라엘 자손이 여호와께 거제로 드리는 모든 성물은 내가 영구한 몫의 음식으로 너와 네 자녀에게 주노니 이는 여호와 앞에 너와 네 후손에게 영원한 소금 언약이니라"(민 18:19).

그렇습니다. 우리의 기도가 가능한 것은 바로 하나님의 약속이 있기 때문입니다. 죄지은 인간이 스스로를 위해서도 그렇고, 다른 사람을 위해서도 기도할 수 있는 근거가 있다면, 그것은 간구하는 자에게 응답하고 용서하고 구원하시겠다는 하나님의 언약, 곧 그 약속을 힘입어 하는 것입니다. 그래서 분향단에 분향하는 향은 제일 마지막에 '소금'을 쳐서 성결하게 하는 것입니다. 그 인격의 향기가 온전히 나서 하나님을 감동시키는 것이 되기 위해서는 하나님이 이미 주신 언약을 붙들고 나아가야만 한다는 것입니다.

당신의 기도는 하나님이 받으실 만한 향기로운 기도입니까? 당신의 기도에는 자신의 욕심이나 주장, 자기의와 교만, 분노의 향이 아닌, 우리 하나님이 감동하실 만한 인격의 향기가 나고 있습니까? 성소에, 그것도 속죄소 맞은편에 분향단을 두게 하고 거기에 아침저녁으로 말씀하신 향을 사르게 하는 하나님이 바로 우리에게 그런 향기 나는 기도를 하라고 명령하고 계십니다. 우리는 날마다 이런 향기로운 인격으로 하나님과 기도의 교제를 누리는 아름다운 하나님의 사람이 되어야 할 것입니다.

질문

1. 당신은 하나님과 기도로 충분히 대화하고 있습니까? 그렇지 못하다면, 그 이유는 무엇입니까?

2. 간청형 기도에서 관계형 기도로 가기 위한 'PAPA 기도'의 네 가지 명령 중 당신이 더 노력해야 하는 영역이 있다면 무엇입니까?

3. '소합향', '나감향', '풍자향'은 각각 우리가 갖추어야 할 인격의 향기를 나타냅니다. 이 세 가지 향품 중에서 당신이 갖춘 것과 갖추지 못한 것은 무엇입니까? 갖추지 못한 것을 갖추기 위해 당신이 기울여야 할 노력이 있다면 무엇입니까?

6. 휘장

삶을 뒤덮는
영광의 자락

"너는 성막을 만들되 가늘게 꼰 베실과 청색 자색 홍색 실로 그룹을 정교하게 수놓은 열 폭의 휘장을 만들지니 매 폭의 길이는 스물여덟 규빗, 너비는 네 규빗으로 각 폭의 장단을 같게 하고 그 휘장 다섯 폭을 서로 연결하며 다른 다섯 폭도 서로 연결하고 그 휘장을 이을 끝 폭 가에 청색 고를 만들며 이어질 다른 끝 폭 가에도 그와 같이 하고 휘장 끝 폭 가에 고 쉰 개를 달며 다른 휘장 끝 폭 가에도 고 쉰 개를 달고 그 고들을 서로 마주 보게 하고 금 갈고리 쉰 개를 만들고 그 갈고리로 휘장을 연결하게 한 성막을 이룰지며 그 성막을 덮는 막 곧 휘장을 염소 털로 만들되 열한 폭을 만들지며 각 폭의 길이는 서른 규빗, 너비는 네 규빗으로 열한 폭의 길이를 같게 하고 그 휘장 다섯 폭을 서로 연결하며 또 여섯 폭을 서로 연결하고 그 여섯째 폭 절반은 성막 전면에 접어 드리우고 휘장을 이을 끝 폭 가에 고 쉰 개를 달며 다른 이을 끝 폭 가에도 고 쉰 개를 달고 놋 갈고리 쉰 개를 만들고 그 갈고리로 그 고를 꿰어 연결하여 한 막이 되게 하고 그 막 곧 휘장의 그 나머지 반 폭은 성막 뒤에 늘어뜨리고 막 곧 휘장의 길이의 남은 것은 이쪽에 한 규빗, 저쪽에 한 규빗씩 성막 좌우 양쪽에 덮어 늘어뜨리고 붉은 물들인 숫양의 가죽으로 막의 덮개를 만들고 해달의 가죽으로 그 윗덮개를 만들지니라"(출 26:1-14).

신앙인들의 영적 상태를 물고기에 비유할 때가 있습니다. 살아 있는 물고기는 흐르는 물을 거슬러 올라가는 반면 죽은 물고기는 둥둥 떠올라 물결을 따라 떠내려가는 것처럼, 살아 있는 신앙은 세상의 흐름에 휩쓸려 떠내려가지 않고 믿음의 길을 갈 수 있지만, 죽은 신앙은 세상의 흐름대로 떠내려간다는 식의 비유입니다. 또 하나의 비유가 있습니다. 살아 있는 물고기는 짠 바닷물 속에 살지만 그 자체가 짜지 않고 적당한 농도를 유지하는 것처럼, 살아 있는 신앙은 세상 속에 있으나 세상에 물들거나 빠져 버리지 않고 자신의 영적인 상태를 지켜 나간다는 비유입니다.

이것은 정말 탁월한 비유입니다. 영적인 비밀을 너무나도 정확하게 보여 주기 때문입니다. 그런데 이 비유에서, 특히 두 번째 비유에서 우리가 보아야 할 아주 중요한 것이 하나 있습니다. 그것은 바로 '세포막'입니다. 짠 바닷물 속에 살면서도 물고기가 짜지 않을 수 있는 이유는 바로 그 물고기의 세포막이 살아서 막을 것은 막아 주고 지킬 것은 지켜 주기 때문입니다. 살아 있는 세포가 그런 것처럼, 신앙에 있어서도 '막'은 정말 중요합니다. 그 신앙이 정말 바르고 온전하려면, 영적인 막이 제대로 작동되어야 합니다. 그것이 막을 것은 막아 주고, 지킬 것은 지켜 주어야 하는 것입니다.

하나님은 성막을 말씀하실 때 지성소와 성소를 덮을 막을 만들라고 말씀하셨습니다. 이 막이 비록 세포막의 막과 같은 한자는 아니지만, 의미는 그것과 동일합니다. 그러므로 성막의 막, 즉 덮개를 말씀하면서 주시는 메시지는 바로 '지킬 것은 지켜야 한다'는 것이고, 좀 더 정확하게 말하면 성막은 예배니까, 예배를 지키라는 것입니다.

예배, 지키는 전쟁

예배는 영적 전쟁입니다. 그것이 영적 전쟁일 수밖에 없는 것은, 예배는 하나님에게도 그리고 우리에게도 그만큼 소중한 것이기 때문입니다. 그리고 하나님을 대적하는 사탄과 죄의 세력이 이 세상에 존재하기 때문입니다. 그 세력이 우리를 불행하게 하고 무너뜨림으로써 하나님을 대적하는 일을 계속하려고 하기 때문입니다.

예배는 영적 전쟁 가운데서도 '지키는 전쟁', 곧 방어 전쟁입니다. 우리가 사탄의 견고한 진을 공격해 들어가서 무너뜨리는 전쟁이 아니라, 우리의 가장 소중한 것, 우리의 생명과 행복이 걸려 있는 것을 지켜 내는 전쟁입니다. 영적 전쟁에 있어서 지키는 싸움은 그야말로 절박합니다. 공격하는 전쟁은 이기지 못한다 할지라도 우리에게 엄청난 피해를 주지는 않습니다. 하지만 그것을 지키지 못하면, 우리의 삶 전체가 날아갈 수 있는 절대적인 싸움입니다. 그래서 하나님은 예배를 지키라고 말씀하시는 것입니다. 그 하나님의 명령이 지성소와 성소를 덮고 있는 막에 나타나 있는 것입니다.

혹시 이렇게 생각할지 모르겠습니다. '그저 비나 먼지를 막기 위해 덮는 덮개를 가지고 너무 확대 해석하는 것 아닌가?' 그런데 그렇지 않습니다. 다음의 두 가지 이유 때문에 그렇습니다.

첫째, 성막의 모든 것은 실제적인 필요를 위해서만 만드는 것이 아니라 각각 영적인 의미와 메시지를 담고 있습니다. 성막이 그저 옛날에 제사를 드리기 위해 필요한 천막에 불과한 것이라면, 그 모든 것을 만드는 방법이 성경에 그렇게 일일이 기록될 필요가 없습니다. 성경은 한가하거나 의미 없는 책이 아닙니다. 영적인 중요한 메시지가 담겨 있는 책입니다. 그런데 이 성경이 이 모든 것을 일일이 말한다는 것은, 그 안에 너무나도 중요한 영적 의미가 담겨 있기 때문입니다. 더구나 성막을 디자인하신 분이 누구십니까? 하나님이십니다. 그렇기 때문에 성막에 대해 말씀하신 모든 부분들은 단순한 건축 도면이 아닌, 영적 메시지인 것입니다. 그렇지 않다면 우리가 그 말씀을 구절구절 쪼개가면서 묵상할 필요가 없습니다.

둘째, 만일 그것이 단순한 덮개라고 한다면 그렇게 네 겹씩 겹쳐서 덮으라고 할 필요가 없을 것입니다. 아무리 광야의 더위가 강하고 모래 바람이 무섭다 해도 그렇게까지 두껍게 덮을 필요가 없다는 것입니다. 네 겹으로 한 데에는 분명한 의도가 있는 것입니다. 단지 건축적인 필요나 의도가 아니라, 영적인 의도가 있는 것입니다. 더구나, 중요한 것은 아니지만, 절묘하게도 그 성막의 네 겹 덮개는 인간의 두뇌를 싸고 있는 그것이 네 겹인 것과 똑같습니다.

오래전 연세대학교 의대의 시체 해부실을 견학할 기회가 있었습니다. 들어가기 전에 간단한 해부학적인 오리엔테이션을 받는데, 거기에서 상당히 흥미로운 이야기를 들었습니다. 인간의 뇌는 세 층의 뇌막과 두개골, 즉 네 겹으로 싸여 있다는 것입니다. 저는 그 순간 성막의 덮개가 네 겹인 것을 떠올리면서 둘 다 창조주의 아이디어인 것을 확인할 수 있었습니다.

그렇습니다. 분명 그 네 겹의 덮개는 각각 영적인 의미를 가지고 있습니다. 그리고 그 영적인 메시지는 예배와 예배를 지키는 것과 상관이 있습니다. 그러므로 그 네 겹 휘장의 이야기는 과거에 있었던 어떤 건물의 이야기가 아니라, 지금 우리에게 아주 중요한 메시지가 되는 것입니다. 우리는 예배를 드리는 사람들이기에 그렇습니다. 예배를 드리는 것은 우리의 삶에 있어 아주 중요한, 어쩌면 전부이기에, 예배에서 실패하면 신앙인은 설 방법이 없습니다. 의미가 없습니다. 더구나 우리는 지금도 예배를 드리기 위해 예배를 지키는 싸움을 힘겹게 해야 하는 사람들이기에, 이것은 우리에게 너무나도 중요한 메시지가 되는 것입니다.

당신은 어떻습니까? 저는 예배를 드리기 위해 참 많은 싸움을 합니다. 한 번도 예배가 쉬웠던 적이 없습니다. 예배를 방해하는 것들이 너무 많습니다. 밖에서 들어오는 방해도 있지만, 제 안에서 올라오는 방해도 정말 많습니다. 예배할 때마다 마귀가 그야말로 전방위적으로 공격을 합니다. 그래서 예배 때마다 은혜를 누리는 만큼 영적 전쟁을 치열하게 치를 수밖에 없습니다.

예배를 잘 드리기 위해 우리는 예배를 지켜야 합니다. 아니, 우리가 살기 위해 예배를 지켜야 합니다. 바로 그 메시지가 휘장에 담겨 있는 것입니다.

휘장을 통해 예배를 말씀하시다

이제는 휘장에 담겨 있는 메시지를 살펴보려 합니다. 우리는 그것을 통해 지금 우리의 예배를 새롭게 정비하고 조율해 나가야 합니다. 당신의 예배를 온전한 예배가 되도록 지키십시오.

가늘게 꼰 베실로 만든 휘장

제일 안쪽에는 가늘게 꼰 베실로 만든 휘장이 있습니다. 일종의 세마포와 같은 것입니다. 이것은 28×4규빗

(14×2미터)짜리 열 개로 각각 다섯 개씩이 연결되어 있고, 그 두 개를 잇는 고가 오십 개씩 있어 그것을 금 갈고리로 연결하는 것입니다.

이 베실로 만든 휘장에는 그룹을 수놓게 되어 있습니다. 그리고 그것은 제일 안쪽에 있기 때문에 성소에 들어가면 그것이 천장으로 보이게 되어 있습니다. 이것은 무엇을 말하는 것일까요? 에덴동산에서 인간이 자기의 생각과 자의식으로 선악과를 따 먹은 후에 생명나무도 그렇게 손댈까 봐 지키게 한 것이 그룹 천사였습니다. 그러므로 제일 안쪽에 그 그룹을 수놓은 베실로 짠 휘장을 놓게 한 것은 바로 우리 내면에 있는 그 생각들로부터, 자의식으로부터, 인간의 그 교만한 마음으로부터 예배를, 무엇보다 예배의 거룩함을 지키라는 것입니다.

예배를 방해하는 가장 주된 공격은 우리의 생각을 통해 옵니다. 인간의 자의식과 자기 판단, 그 교만과 혼잡한 생각들이 우리의 예배를 끝없이 위협하고 망가뜨립니다. 우리는 예배하면서도 스스로 예배하는 자신에게서 벗어나려 하고, 그렇게 예배하는 자신을 고발하기도 합니다. 그렇기 때문에 시편에는 꽤 자주 자신의 영혼에게 예배를 명령하는 내용이 나옵니다. 그중에 하나가 시편 42편 11절 말씀입니다.

"내 영혼아 네가 어찌하여 낙심하며 어찌하여 내 속에서 불안해하는가 너는 하나님께 소망을 두라 나는 그가 나타나 도우심으로 말미암아 내 하나님을 여전히 찬송하리로다."

속에서 예배를 방해하는 생각들이 올라오는 것입니다. '예배한다고 되겠어? 지금 예배보다 너 급한 것이 있는데, 이거 다 쓸데없는 짓 아닐까? 하나님은 정말 계시는 걸까? 이거 다 인간이 만들어 낸 거 아냐?' 바로 이런 것을 향해서 명령하는 것입니다. 그 생각들로부터 예배를 지키는 것이 이 시편입니다. 놀라운 것은, 이 말씀과 같은 표현이 바로 그다음 편인 시편 43편에도 그대로 나온다는 것입니다. 무슨 말입니까? 상당히 자주 있는 일이라는 것입니다. 그래서 시편 103편 1절 같은 말씀이 일종의 영적인 송영과 훈련같이 나오는 것입니다. 반복해서 부르고 또 부르도록 말입니다.

"내 영혼아 여호와를 송축하라 내 속에 있는 것들아 다 그의 거룩한 이름을 송축하라."

저는 큐티나 다른 예배, 혹은 기도를 드릴 때 생각이 그 시간을 방해한다고 느껴지면 〈찬양하라 내 영혼아〉라는 찬양을 자주 부릅니다. 그러면 정말로 많은 역사가 일어나서 그 생각으로부터 예배를 보호할 수 있습니다.

우리에게는 이 싸움이 있어야 합니다. 우리가 예배자라면, 우리를 끊임없이 공격하는 부정적인 생각들로부터 예배를 지켜야 합니다. 예배의 순간에도 솟아나오는 잘못된 생각들로부터 예배를 지켜야 합니다. 이것이 세마포 휘장의 비밀이요, 메시지입니다.

염소 털로 만든 휘장

그 위에는 염소 털로 만든 휘장을 덮게 되어 있습니다. 염소 털로 짜서 만든 담요 같은 것인지, 아니면 털이 그대로 붙은 염소 가죽인지는 알 수 없지만, 후자일 가능성이 높습니다. 이것의 규격은 30×4규빗(15×2미터)입니다. 그것을 열한 쪽을 만들어서 다섯 개와 여섯 개를 이어 놓고, 역시 이 두 쪽 사이에 고를 오십 개씩 만들고 그것을 오십 개의 놋 갈고리로 연결한 것입니다. 이것을 처음 베실로 짠 휘장보다 조금 더 길게, 곧 한쪽이 더 많은 열한 쪽을 만들게 하신 것은 처음 것을 완전히 덮기 위해서입니다.

이 휘장은 무엇을 의미할까요? 염소 털로 만든 것은 그 자체가 단열입니다. 외부의 더위와 추위로부터 그 안을 보호하기 위한 것입니다. 그러면 이 염소 털로 만든 휘장은 단열이라는 건축적인 실용성만을 위해 있는 것일까요? 그렇지 않습니다. 그것과 함께 영적인 메시지, 예배의 메시지가 들어 있습니다. 이것은 바로 '예배의 분위기, 감정적인 느낌'을 지키라는 메시지입니다.

예배에 있어서 느낌과 분위기는 아주 중요합니다. 예배가 너무 썰렁하고 차갑고, 혹은 숨이 턱턱 막히는 답답함이 있는 것은 절대로 건물의 히터나 에어컨의 문제만이 아닙니다. 오히려 우리의 감정이 어떠한가, 그 예배의 분위기가 어떠한가의 문제입니다.

미국에서 목회하면서 가건물에서 2년 정도 예배를 드린 적이 있었는데, 사람은 너무 많고 장소는 좁아서 환경적으로 참 힘들었습니다. 하지만 그것 때문에 예배가 답답하거나 숨이 막힌 적은 없었습니다. 그러다가 한번은 산소가 부족해서 성가대에 서 있는 분이 쓰러졌는데 오히려 예배는 너무나 신선했습니다.

우리는 예배의 분위기를 지켜야 합니다. 예배는 절대로 썰렁해서는 안 됩니다. 예배는 절대로 고루하거나 답답해서는 안 됩니다. 예배는 절대로 무겁거나 축 처지거나 나른해서는 안 됩니다. 예배는 절대로 산만하거나 난잡해서는 안 됩니다. 예배가 그렇게 되지 않도록 우리의 감정을 쏟아 붓고, 우리의 열정과 새롭고 신선한 고백과 찬양을 주님 앞에 올려 드려야 합니다.

시편에 나오는 '새 노래로 노래하라'라는 표현들은 모두 예배의 신선함과 분위기를 지키라는 것입니다. '주의 날개 그늘 아래'라는 표현들도 모두 예배의 안락하고 포근하고 시원한 분위기를 표현한 것입니다. 예배를 지켜야 합니다. 예배의 분위기를 지켜야 합니다. 그것이 염소 털로 만든 휘장의 메시지입니다.

붉은 물들인 숫양의 가죽

그 위에 붉은 물들인 숫양의 가죽을 덮게 되어 있습니다. 이것 역시 염소 털로 만든 휘장과 비슷한 방법으로 만들었을 것입니다. 이것이 의미하는 것은 모두가 금방 알 수 있을 것입니다. 그것은 영적인 예수 그리스도의 보혈의 역사와 같은 것입니다. 영적으로 방해하는 사악하고 교활하고 더러운 영들로부터 예배를 지키라는 것입니다.

예배는 영과 진리로 드리는 것이기 때문에 영이 아주 민감하게 드러나게 됩니다. 하나님의 성령을 향해 우리의 영이 아주 활짝 열린 채 나아가게 되는 것입니다. 그런데 그때 아주 더럽고 교활한 영이 슬며시 파고 들어 올 수 있습니다. 겉으로 금방 느끼거나 알아차릴 수 있는 것은 아니지만, 영적인 혼탁함이 일어날 수 있습니다. 그러면 예배가 잘 안 됩니다. 왜인지 모르지만, 예배가 안 되고, 예배드린 자가 마땅히 경험할 치유와 회복과 평강과 기쁨이 잘 나타나지 않게 됩니다. 그래서 그런 영적인 혼탁함에서 예배를 지켜야 하는 것입니다.

성도들 가운데 영적으로 깨어 있는 사람들은, 그래서 예배에 대해 거룩한 영적 부담을 느끼는 사람들은 예배드리면서 끊임없이 중보 기도를 해야 합니다. 왜냐하면 그 중보 기도가 영적으로 그 예배를 지키기 때문에 그렇습니다. 예배를 드릴 때마다, 그것이 공예배든 아니면 개인적으로 드리는 예배든, 그 예배의 중앙에 갈보리의 십자가가 서 있어야 합니다. 예수 그리스도의 보혈이 있어야 합니다. 그래야 악하고 더러운 영들이 들어올 수 없습니다.

예배는 단지 사람들이 모여서 하나님에 대한 주제를

가지고 시간을 보내는 세미나가 아닙니다. 예배는 영적 역사입니다. 그래서 영적인 악한 것을 막는 것이 중요합니다. 그래서 지켜야 합니다. 계속 기도하고 예수 그리스도의 이름을 선포하면서 지켜야 합니다. 예수의 이름과 십자가와 보혈을 가지고 말입니다.

해달의 가죽

가장 바깥쪽에는 해달의 가죽을 덮게 되어 있습니다. 해달이 무엇인지는 알 수 없습니다. 히브리어로는 '타하쉬'인데, 돌고래로부터 바다수달, 영양, 물돼지, 오소리까지 별별 이름으로 다 번역할 수 있는 것입니다. 하지만 분명한 것은, 그것은 아주 강하고 질긴 가죽이라는 것입니다. 바로 성막의 기구들을 운반할 때 가장 바깥쪽에 싸는 포장으로 굉장히 거칠고 질긴, 그래서 밖에서 들어오는 먼지나 돌을 막아 주는 것이 바로 해달 가죽의 기능입니다. 그것을 성막의 가장 바깥쪽에 덮게 되어 있는 것입니다.

이것은 물리적으로 예배를 지키라는 것입니다. 시간

을 드리고, 그런 장소와 공간을 만들라는 것입니다. 예배드릴 수 없게 하는 많은 환경적인 것으로부터 예배를 지키라는 것입니다. 카타콤과 카파도키아의 데린쿠유에 가 보면 느끼는 것이 있습니다. 그들은 예배의 시간과 공간을 만들기 위해 정말 목숨 건 싸움을 한 사람들이었습니다. 예배를 지키기 위해서 말입니다. 이것이 성도가 해야 할 일입니다. 이것이 예배를 지키는 자들의 중요한 모습입니다.

한국 교회의 신앙의 선배들, 그들은 주일 예배를 드리기 위해 그전 날 모든 것을 준비해 놓고 주일에는 온전히 예배에만 집중했습니다. 단지 안식일을 지키기 위해 노동을 하지 않는 율법적인 주일 성수가 아니라, 예배를 지키기 위해 물리적인 노력을 기울인 주일 성수였습니다. 그들은 해달의 가죽으로 만든 휘장의 의미를 그대로 실행했던 것입니다.

우리는 예배를 잘 드리고 지키기 위해 모든 것을 해야 합니다. 너무나도 복잡한 것이 많은 시대 속에서, 분주한 것이 많은 시대 속에서 오직 하나님에게 예배

드리기 위한 물리적인 공간과 시간을 만들기 위해 최선을 다해야 합니다. 이것이 해달의 가죽에 담긴 메시지입니다.

"예배를 지키라." 하나님은 지금도 우리에게 말씀하십니다. 우리는 이 말씀에 아멘으로 답할 수 있어야 합니다. 순종하십시오.

질문

1. 예배가 영적 전쟁이라는 것을 느껴 본 적이 있습니까?

2. 사탄의 여러 가지 유혹으로부터 예배 또는 예배의 자리를 지키기 위해 당신이 기울이고 있는 노력이 있다면 무엇입니까?

3. 성막을 덮고 있는 네 겹의 휘장과 예배는 각각 어떤 연관이 있습니까?

7. 널판 / 거룩과 성결로 세우는 예배자의 삶

"너는 조각목으로 성막을 위하여 널판을 만들어 세우되 각 판의 길이는 열 규빗, 너비는 한 규빗 반으로 하고 각 판에 두 촉씩 내어 서로 연결하게 하되 너는 성막 널판을 다 그와 같이 하라 너는 성막을 위하여 널판을 만들되 남쪽을 위하여 널판 스무 개를 만들고 스무 널판 아래에 은 받침 마흔 개를 만들지니 이쪽 널판 아래에도 그 두 촉을 위하여 두 받침을 만들고 저쪽 널판 아래에도 그 두 촉을 위하여 두 받침을 만들지며 성막 다른 쪽 곧 그 북쪽을 위하여도 널판 스무 개로 하고 은 받침 마흔 개를 이쪽 널판 아래에도 두 받침, 저쪽 널판 아래에도 두 받침으로 하며 성막 뒤 곧 그 서쪽을 위하여는 널판 여섯 개를 만들고 성막 뒤 두 모퉁이 쪽을 위하여는 널판 두 개를 만들되 아래에서부터 위까지 각기 두 겹 두께로 하여 윗고리에 이르게 하고 두 모퉁이 쪽을 다 그리하며 그 여덟 널판에는 은 받침이 열여섯이니 이쪽 판 아래에도 두 받침이요 저쪽 판 아래에도 두 받침이니라 너는 조각목으로 띠를 만들지니 성막 이쪽 널판을 위하여 다섯 개요 성막 저쪽 널판을 위하여 다섯 개요 성막 뒤 곧 서쪽 널판을 위하여 다섯 개이며 널판 가운데에 있는 중간 띠는 이 끝에서 저 끝에 미치게 하고 그 널판들을 금으로 싸고 그 널판들의 띠를 꿸 금 고리를 만들고 그 띠를 금으로 싸라 너는 산에서 보인 양식대로 성막을 세울지니라"(출 26:15-30).

성경은 성막을 만들고 세우는 것에 대해
여러 가지를 말하고 있는데, 그중에서 아주 중요한 것
이 바로 '널판'입니다. 이것은 절대 대충 지나갈 수 있
는 것이 아닙니다. 그 널판이 없으면 성막은 서 있을
수가 없기에 그렇습니다. 성막을 영적인 의미로 해석
한다면, 널판은 바로 그 모든 것의 근간이 된다고 할
수 있습니다.

하나님 앞에 서다

◇◇◇◇◇◇◇◇◇◇◇◇◇◇◇◇◇◇◇◇◇◇◇◇◇

하나님은 성막을 세우기 위해 널판으로 벽을 만들게 하셨습니다. 그 사이즈는 10×1.5규빗(500×75센티미터)이었습니다. 그것을 남쪽과 북쪽을 위해 각각 스무 개씩, 또 서쪽을 위해 여섯 개, 양 모퉁이용으로 두 개를 만들어 성막을 세우도록 한 것입니다. 즉, 그 널판으로 벽을 만들어야 비로소 성막이 세워진다는 것입니다. 그러므로 성막을 예배라고 한다면, 이 널판을 세우는 것은 바로 예배에 대한 너무나도 중요한 메시지를 말하고 있는 것입니다.

찬양 가운데 〈아름답고 놀라운 주 예수〉의 후렴을 보면, "주님 앞에 내가 서 있네. 주 앞에 내가 서 있네"라는 가사가 반복되면서 주님 앞에 서 있는 것을 강조하는 내용이 나옵니다. 우리말 가사도 그렇지만, 영어 가사는 정말 반복적으로 'I stand'를 강조하고 있고, 심지어 이 찬양의 영어 제목은 〈I Stand In Awe〉입니다. 내가 경외함으로 선다는 뜻입니다.

두고두고 생각하게 되는 것이, 왜 뒷부분, 찬양의 절
정에 '주님 앞에 내가 서 있네'가 반복되는지 그리고
왜 그것이 그렇게 은혜가 되는지, 그것이 왜 그렇게 중
요한지입니다. 그 대답은, 주님 앞에 서 있다는 것은
다른 말로 주님을 예배한다는 것이기 때문입니다. 그
것도 가장 바르게 말입니다.

보통 예배하는 모습에 대한 우리의 개념은 주님 앞
에 엎드리거나 무릎을 꿇는 것들이 일반적입니다. 찬
송에도 그런 표현이 많이 나옵니다. 하지만 성경에는
의외로 예배하는 모습, 특히 감동적으로 드리는 예배
를 말할 때 '하나님 앞에 서 있다', '하나님의 집에 서
있다'는 표현을 많이 씁니다.

"보라 밤에 여호와의 성전에 서 있는 여호와의 모든 종
들아 여호와를 송축하라 성소를 향하여 너희 손을 들고
여호와를 송축하라"(시 134:1-2).

"여호와의 집 우리 여호와의 성전 곧 우리 하나님의 성

전 뜰에 서 있는 너희여 여호와를 찬송하라 여호와는 선하시며 그의 이름이 아름다우니 그의 이름을 찬양하라”(시 135:2-3).

“모든 백성이 회막 문에 구름 기둥이 서 있는 것을 보고 다 일어나 각기 장막 문에 서서 예배하며”(출 33:10).

“유다 모든 사람들이 그들의 아내와 자녀와 어린이와 더불어 여호와 앞에 섰더라”(대하 20:13).

“또 내가 보니 보라 어린 양이 시온 산에 섰고 그와 함께 십사만 사천이 서 있는데 그들의 이마에는 어린 양의 이름과 그 아버지의 이름을 쓴 것이 있더라”(계 14:1).

그렇습니다. 참된 예배는 이렇게 하나님 앞에 서 있는 것입니다. 이것은 예배의 정말 중요한 요소를 그대로 말해 주는 표현입니다.

하나님 앞에 머물러 예배하라

성막의 널판을 세우는 것은 바로 '하나님 앞에 서 있는 것으로서의 예배'를 그대로 보여 주는 말씀입니다. 그러니까 하나님이 널판을 말씀하시면서 그것으로 벽을 만들어 '성막을 세울지니라'라고 하시는 것은 바로 '참된 예배, 온전한 예배를 이렇게 드려라!' 하는 메시지인 동시에 '예배를 세우라'는 아주 강력한 당부와 명령인 것입니다.

성막을 세운다고 할 때 '세우다'에는 두 가지 의미가 담겨 있습니다. 첫째는, 일으켜 세우는 것입니다. 아무것도 없는 곳에 벽을 일으켜 세우는 것입니다. 그것이 세우는 것입니다. 둘째는, 버티고 서는 것입니다. 일단 세웠으면, 무너지지 않고 버티고 서 있어야 합니다. 어떤 무게나 하중을 받아도 버티고 서 있어야 합니다.

예배를 세우는 것도 동일합니다. 예배를 세우기 위해서는 먼저 일어서는 것이 필요합니다. 마치 성막의 벽을 세우듯이, 그렇게 일어서는 것이 필요합니다. 그래서 예배에 대한 성경의 표현들 가운데 '서서'로 번역된 말씀의 많은 부분이 '일어서다', 즉 영어로는 'rise up'입니다.

그렇습니다. 예배할 수 없을 것 같은 순간에 예배할 수 없을 것 같은 감정과 상황에서 분연히 떨치고 일어나야 예배가 시작되는 것입니다. 생각해 보십시오. 삶 가운데서 정말 예배할 만큼 자연스럽고 좋은 순간은 거의 없습니다. 예배는 영적 전쟁이기 때문에 그렇게 되지를 않습니다. 결단이 필요합니다. 도전이 필요합니다.

제가 〈아름답고 놀라운 주 예수〉라는 찬양에 은혜를 받고 회복될 때도 그랬습니다. 찬양을 부르며 그렇게 깊은 예배의 감격에 통곡했던 그날도 사실 저는 정말 예배하러 가고 싶지 않았습니다. 다 귀찮고, 다 필요 없고, 정말 아닌 것 같고, 그래서 그냥 포기하고 드러눕고 싶었습니다. 그런데 웬일인지 일어섰습니다. 예배를 드리기 위해 일어선 것입니다. 그리고 가서 바로 그렇게 찬양하면서 예배를 드린 것입니다. 그래서 그렇게 은혜를 받은 것입니다.

예배를 세운다는 것은 그렇게 일어서는 것을 말합니다. 일어서 보지 않고는 그것이 어떠할지를 절대 알 수 없는 것이 예배입니다. 아닌 것 같고, 아닐 것 같았어도 하나님의 말씀에 따라, 그분의 기뻐하심에 따라 주님이 주신 예배자의 사명을 따라 결단하고 일어서면, 그때부터 예배가 세워지고 열리는 것입니다. 예배가 역사하기 시작하는 것입니다. 이것이 바로 진짜 예배입니다.

그렇게 일어섰다면, 견디고 버티는 것이 중요합니다. 일어서기는 하지만 바로 다시 넘어지는 것은 작대기나 막대기에 불과합니다. 벽은 일어서는 것도 중요하지만, 섰으면 버티고 견디는 것 또한 중요합니다.

아무리 힘들고 어려워도 포기하지 않고 버티고 견디는 것이 중요합니다. 아무리 예배가 안 되는 것 같고 응답이 없는 것 같아도, 버티고 기다리는 것이 중요합니다. 아무리 무의미하다는 생각이 들어도, 다른 것이 급할 것 같은 마음이 들어도, 지키고 서서 견디고 기다리는 것이 중요합니다. 이것이 '서다'라는 말에 담긴 또 하나의 의미입니다. 널판을 통해 벽을 세우는 이야기에는 바로 이렇게 버티고 서서 예배를 세우는 메시지가 들어 있습니다.

구별된 예배자로 서다

이렇게 버티고 서서 예배를 세우는 데 있어 중요한 두 가지가 있습니다. 첫째는, '은 받침'입니다.

> "스무 널판 아래에 은 받침 마흔 개를 만들지니 이쪽 널판 아래에도 그 두 촉을 위하여 두 받침을 만들고 저쪽 널판 아래에도 그 두 촉을 위하여 두 받침을 만들지며"(출 26:19).

이 은 받침이 정확히 어디에 어떻게 설치되는 것인지는 알 수 없지만, 이것이 다음 두 가지의 역할을 한다는 것은 분명합니다. 하나는, 널판이 땅과 직접 닿지 않게 하는 것이고, 다른 하나는, 널판이 넘어지지 않고 서게 만드는 역할을 한다는 것입니다. 말 그대로 받침인 것입니다.

그런데 왜 그것을 은으로 만들까요? 성막 전체에 있어 은이 사용된 부분은 여기가 유일합니다. 다른 것은 다 금이고 놋입니다. 오직 이 벽의 받침만 은을 사용합니다. 이는 실용적인 이유가 아니라, 영적인 의미가 있다는 것입니다.

성경에서 금은 영광을 나타냅니다. 그래서 성막을 금으로 싸는 것입니다. 그래서 성막을 일명 '황금의 집'이라고 부릅니다. 하나님의 영광이 가득한 그것이 예배임을 나타내는 것입니다. 그러면 '은'은 무엇을 나타낼까요? 그것은 바로 거룩과 성결입니다. 성경적으로 볼 때, '은'은 인간적인 면에서 '돈'을 상징합니다. 그러나 영적인 면으로 보면 '구별됨', 즉 '거룩과 성결'을 상징합니다. 이것을 보여 주는 좋은 예가 은 나팔입니다.

"은 나팔 둘을 만들되 두들겨 만들어서 그것으로 회중

을 소집하며 진영을 출발하게 할 것이라"(민 10:2).

성경에 나오는 나팔은 대개 양의 뿔로 만든 양각 나팔입니다. 그런데 백성을 움직이고 소집할 때는 은 나팔을 붑니다. 양각이 아니라 은으로 나팔을 만들게 한 것은 은의 의미 때문입니다. 이것은 바로 하나님의 백성을 거룩하게 구별해서 그들로 하여금 하나님의 뜻을 따라 거룩하게 구별된 삶을 살도록 하는 나팔인 것입니다. 그 하나님의 음성, 신호를 받아야 한다는 것입니다.

은 받침도 그런 의미입니다. 그 벽의 밑에 굳이 다른 것이 아닌 은으로 받침을 하게 한 것은 바로 그 벽, 즉 예배를 세우는 사람들이 무엇을 기초로 해야 하는지를 말해 주고 있는 것입니다.

단호하게 말하지만, 성도가 아니면 예배를 드릴 수 없습니다. '예배드리니까 성도다'라는 말은 이방 우상적인 접근입니다. 잘못된 것입니다. 정확한 것은, '성도니까 예배를 드린다'입니다. 하나님의 사람, 하나님의 거룩한 백성으로 부름 받은 '거룩한 무리(성도)'가 되어야 예배를 드릴 수 있는 것입니다. 그 거룩과 성결의 은 받침이 기본이라는 것입니다.

저는 종종 초대 교회와 지금 우리 시대의 교회를 비교하면서 중요한 메시지를 받습니다. 초대 교회는 오리지널에 가깝기에 그렇습니다. 그때와 비교하면 지금 우리가 얼마나 빗나가 있는지를 알 수 있습니다. 그것이 바로 종교 개혁입니다.

이렇게 초대 교회와 오늘날의 예배를 비교하면서 정말 중요하게 발견한 것이 있습니다. 그것은 바로 '예배자의 사명, 예배자의 특권'에 대한 것입니다. 초대 교회 성도들은 예배자의 사명과 특권에 대해 철저했습니다. 성도니까 당연히 예배를 드려야 하고, 또 그렇게 예배 드릴 수 있는 것이 세상이 줄 수 없는 최고의 특권이라는 것을 정말 실감하며 누렸는데, 이 시대의 성도들에게는 그것이 너무 많이 흐려져 있습니다. 성도라면서도 예배를 드려야 한다는 사명 의식이 너무 희미하고, 예배를 드릴 수 있다는 축복에 대한 갈망이 너무 미약

합니다. 어쩌면 이것이 이 시대 교회의 타락상의 핵심 중에 하나가 아닌가 생각합니다.

은 받침을 하고 서 있는 널판들을 통해 주시는 예배의 정말 귀한 메시지는 이것입니다. 참된 예배자가 되려면 먼저 성도가 되어야 한다는 것입니다. 거룩한 백성으로 하나님에게 부름을 받아야 한다는 것입니다. 자신이 세상과 구별된 하나님의 사람이라는 바로 그 거룩함과 구별됨의 자각이 있어야 한다는 것입니다. 그래야 예배를 온전히 세울 수 있다는 것입니다.

이것을 다시 한 번 강력하게 강조한 것이 본문 17절에 나옵니다.

"각 판에 두 촉씩 내어 서로 연결하게 하되 너는 성막 널판을 다 그와 같이 하라"(출 26:17).

여기에 사용된 '촉'이라는 말은 히브리어로 '야드'라 하는데, 그것은 '손'이라는 뜻입니다. 이것은 바로 그 널판을 '은 받침'에 고정시키는 도구입니다. 그렇게 해서 그 널판으로 하여금 서서 버티게 하는 것입니다.

여기에서 이 '촉'이 '손'이라는 의미의 '야드'라는 단어로 사용된 것은 굉장히 의미 있습니다. 즉, 성도가 온전히 예배를 세우는 참된 예배자가 되려면 바로 이 은받침, 즉 거룩한 하나님의 백성, 구별된 성도됨을 온전히 붙들어야 한다는 것입니다. '우리는 세상에 속하지 않았습니다. 우리는 구별된 하나님의 사람입니다. 우리는 세상과는 다르게 살아갑니다.' 이것을 견고하게 붙들 때, 그때 우리의 예배는 든든히 설 수 있는 것입니다.

같은 신앙으로 함께 드리는 예배

둘째는, '띠'입니다.

"너는 조각목으로 띠를 만들지니 성막 이쪽 널판을 위하여 다섯 개요 성막 저쪽 널판을 위하여 다섯 개요 성막 뒤 곧 서쪽 널판을 위하여 다섯 개이며 널판 가운데에 있는 중간 띠는 이 끝에서 저 끝에 미치게 하고"

(출 26:26-28).

성막을 세우는 널판들을 세우기 위해 다섯 개의 띠를 만들게 하셨습니다. 그중에 가운데 있는 것은 전체가 하나가 되도록 완전히 연결하는, 중앙을 관통하는 띠였습니다. 이것은 바로 이 널판들이 하나로 연합되어야 설 수 있고, 버틸 수 있다는 뜻입니다. 정말 성막을 세우는 마흔여덟 개의 널판들은 완전한 하나로 연결되어 서 있었습니다. 다섯 개의 띠로 아주 견고하게 하나가 되어 선 것입니다.

이 띠는 우리의 동일한 믿음, 신앙 고백을 의미합니다. 같은 믿음의 정서를 말하는 것입니다. 같은 영성을 말하는 것입니다. 그래서 예배에서 찬양이 중요하고, 그래서 말씀이 중요한 것입니다. 같은 찬양을 부르는데 다른 생각을 하고 있다면, 그것은 예배가 아닙니다. 말씀의 영성을 같이 받아야 합니다. 말씀에 '아멘'할 수 없으면 그것은 예배가 아닌 것입니다. 그래서 한 마음, 한 고백이 중요한 것입니다. 신학이 중요한 것입니다. 동일한 신앙 고백이 없이는 온전한 예배를 드릴 수 없습니다. 믿지 않는 자와는 멍에를 함께 맬 수가 없는 것과 동일하게, 같은 신앙으로 묶여야 함께 온전한 예배를 드릴 수 있습니다.

이 띠가 얼마나 중요한지, 다섯 개나 됩니다. 견고한 신학, 견고한 신앙 고백, 견고한 복음 진리, 같은 영성, 서로 하나 된 공동체 의식, 무엇보다 사랑으로 하나 된 마음, 이 모두를 말하는 것입니다. 우리의 공동체를 파괴하려는 마귀가 가장 먼저 우리의 예배를 무너뜨리려고 할 때, 그때 그 악한 마귀가 무엇보다 우리의 하나 됨을 부수면서 무너뜨릴 것을 너무나 잘 알기에 이렇게 지나치다 싶을 정도로 강력하게 하나로 묶은 것입니다. 이렇게 함께 서야 참된 예배를 세울 수 있습니다. 이것이 주님의 뜻입니다.

주님은 널판으로 벽을 세우는 모습을 통해 또 하나의 분명한 말씀을 주셨습니다. 우리가 하나님의 사람이라면, 이렇게 하나님 앞에 서야 합니다. 이렇게 하나님 앞에 예배를 드려야 합니다. 이렇게 하나님의 교회 안에서 온전한 예배를 세워 가야 합니다. '예배를 세울지니라!' 성막의 널판을 통해 말씀하시는 하나님의 음성을 들으십시오.

1. 당신의 예배가 바로 설 수 있게 하는 '널판'은 무엇입니까?

2. 우리가 하나님 앞에 선다는 것은 무엇을 뜻합니까?

3. 당신의 믿음을 견고하게 해 주는 '띠'에는 무엇이 있는지 모두 이야기해 보십시오.

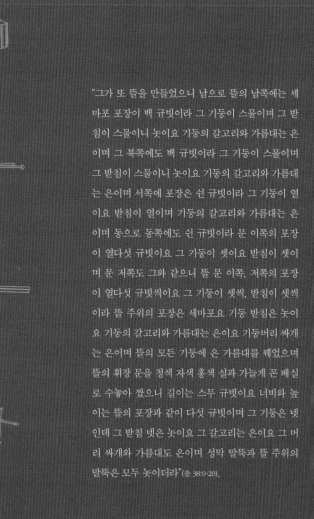

8. 뜰

하나님을 찬양하는 예배의 자리

"그가 또 뜰을 만들었으니 남으로 뜰의 남쪽에는 세마포 포장이 백 규빗이라 그 기둥이 스물이며 그 받침이 스물이니 놋이요 기둥의 갈고리와 가름대는 은이며 그 북쪽에도 백 규빗이라 그 기둥이 스물이며 그 받침이 스물이니 놋이요 기둥의 갈고리와 가름대는 은이며 서쪽에 포장은 쉰 규빗이라 그 기둥이 열이요 받침이 열이며 기둥의 갈고리와 가름대는 은이며 동으로 동쪽에도 쉰 규빗이라 문 이쪽의 포장이 열다섯 규빗이요 그 기둥이 셋이요 받침이 셋이며 문 저쪽도 그와 같으니 뜰 문 이쪽, 저쪽의 포장이 열다섯 규빗씩이요 그 기둥이 셋씩, 받침이 셋씩이라 뜰 주위의 포장은 세마포요 기둥 받침은 놋이요 기둥의 갈고리와 가름대는 은이요 기둥머리 싸개는 은이며 뜰의 모든 기둥에 은 가름대를 꿰었으며 뜰의 휘장 문을 청색 자색 홍색 실과 가늘게 꼰 베실로 수놓아 짰으니 길이는 스무 규빗이요 너비와 높이는 뜰의 포장과 같이 다섯 규빗이며 그 기둥은 넷인데 그 받침 넷은 놋이요 그 갈고리는 은이요 그 머리 싸개와 가름대도 은이며 성막 말뚝과 뜰 주위의 말뚝은 모두 놋이더라"(출 38:9-20).

사람은 어떤 경우에도 책망이나 비난이
나 비판보다는 칭찬과 격려 그리고 소망과 약속이 훨
씬 좋은 법입니다. 여기에 예외는 없습니다. 그렇기 때
문에 하나님은 좋으신 분입니다. 그래서 하나님의 말
씀은 생명의 말씀이요, 사람을 행복하게 하는 말씀입
니다. 하나님은 근본적으로 우리를 축복하는 분이시기
때문입니다. 그리고 하나님의 말씀은 언제나 위로와
격려가 되기 때문입니다. 그 근거가 되는 말씀이 고린
도전서 14장 3절입니다.

"그러나 예언하는 자는 사람에게 말하여 덕을 세우며 권면하며 위로하는 것이요."

예언이 하나님의 뜻, 하나님의 마음을 우리에게 알려 주는 것이라고 한다면, 그것은 바로 덕을 세우며(strengthening), 권면하며(encouraging), 위로하는(comfort) 이 세 가지가 그 내용이라는 것입니다. 물론 때에 따라 하나님이 책망도 하고 야단을 치기도 하시지만, 어떤 경우에도 그것이 우리를 낙심시키고 절망시키려는 의도에서 나온 것은 절대 아닙니다. 도전하고 자극하기 위한 것입니다. 거듭 말하지만, 하나님은 좋으신 분이고, 하나님의 말씀은 우리를 행복하게 하는 것입니다.

주의 뜰, 예배가 드려지는 자리

저는 사춘기 때나 청년 때, 가슴에 의기가 부글부글 끓을 때, 나는 옳은데 세상의 나머지는 다 틀린 것 같은 착각에 사로잡혀 있을 때, 그때는 무섭게 책망하고 야단치는 말씀을 좋아했습니다. '심판하시는 하나님', '쓸어버리시는 하나님', '공의로 책망하시는 하나님'과 같은 비장하고 서슬이 시퍼런 말씀 말입니다. 그 당시 가장 좋아했던 말씀이 "오직 정의를 물같이, 공의를 마르지 않는 강같이 흐르게 할지어다"(암 5:24)였습니다. 그 심판의 칼날이 나는 아니고 다른 사람에게만 해당되는 줄 알고 그 말씀을 그렇게 좋아했던 것입니다. 그러나 세월이 흘러 나이를 먹어 가면서, 세상과 저 자신에 대해 더 알아 가면서 그리고 인생의 무게를 느끼면서, 이제는 그런 심판의 말씀이 너무 무섭고 힘겹습니다. 뿐만 아니라 삶의 어려움 가운데 순간순간 하나님의 은혜를 체험하면서, 그런 무서운 심판과 책망의 말씀이 절대로 하나님의 마음이 아니라는 것을 알게 되었습니다. 오히려 위로하고, 격려하고, 소망과 축복을 선포하는 것이 참하나님의 마음이고 그분의 말씀인 것을 깨달아 그 말씀을 좋아하고, 그 말씀을 붙들게 되었습니다.

그런 말씀 중에 하나가 바로 시편 65편입니다. "하나님이여 찬송이 시온에서 주를 기다리오며"라고 시작되는 이 아름다운 시편에는 우리가 하나님에게 나아가는 예배와 기도와 결단의 아름다운 것과 그런 우리를 향하신 하나님의 사랑과 축복의 모든 것이 넘치도록 들어 있습니다. 요즘 쓰는 표현 가운데 '눈에 하트가 뿅뿅'과 함께 '눈에서 꿀이 뚝뚝'이라는 표현이 있습니다. 정말 이 시에는 그런 우리를 향한 하나님의 눈길을 느낄 수 있는 노래가 가득합니다. 그 가운데 몇 구절을 축복을 누리는 마음으로 읽어 보십시오.

"땅 끝에 사는 자가 주의 징조를 두려워하나이다 주께서 아침 되는 것과 저녁 되는 것을 즐거워하게 하시며 땅을 돌보사 물을 대어 심히 윤택하게 하시며 하나님의 강에 물이 가득하게 하시고 이같이 땅을 예비하신 후에 그들에게 곡식을 주시나이다 주께서 밭고랑에 물을 넉넉히 대사 그 이랑을 평평하게 하시며 또 단비로 부드럽게 하시고 그 싹에 복을 주시나이다 주의 은택으로 한

해를 관 씌우시니 주의 길에는 기름방울이 떨어지며 들
의 초장에도 떨어지니 작은 산들이 기쁨으로 띠를 띠었
나이다 초장은 양 떼로 옷 입었고 골짜기는 곡식으로
덮였으매 그들이 다 즐거이 외치고 또 노래하나이다"
(시 65:8-13).

하나님이 이렇게 우리를 축복하십니다. 기가 막힌
축복의 말씀이 아닐 수 없습니다. 그런데 이런 아름다
운 축복의 말씀 가운데 정작 저의 마음을 가장 감동적
으로 붙잡은 말씀은, 그래서 제가 온전히 두 손으로 꽉
붙잡은 말씀은 4절이었습니다.

"주께서 택하시고 가까이 오게 하사 주의 뜰에 살게 하
신 사람은 복이 있나이다 우리가 주의 집 곧 주의 성전
의 아름다움으로 만족하리이다."

기가 막힌 말씀입니다. 읽고 또 읽고, 씹고 또 씹어
도 정말 맛있는 말씀입니다. 여기에서 앞의 두 표현,

'주께서 택하시고 가까이 오게 하사'는 다른 설명이 필요 없이 그대로 은혜가 됩니다. 그런데 그다음에 나오는 '주의 뜰에 살게 하신'이라는 말씀은 조금 설명이 필요합니다. '왜 성소나 지성소가 아니라 '주의 뜰'(하짜르)이라는 말을 쓰셨을까? 주의 뜰에 살게 한다는 것은 무엇을 말하는 것일까? 그것이 무엇이기에 당신의 사람을 택하고 가까이 오게 하신 주님이 거기에 살게 하시는 것일까? 그것이 무엇이기에 그다음에 '복이 있다'는 말을 그렇게 자신 있게 끌고 나올 수 있는 것일까?' 하는 생각이 드는 것입니다.

답은 이렇습니다. 주의 뜰은 바로 예배의 현장을 말합니다. 어떤 종류의 예배든 시간과 장소 속에서 예배가 일어나고 있는 그 현장을 말하는 것입니다. 주일에 주일 예배를 드리는 곳, 수요일에 수요 예배를 드리는 그곳이 바로 '주의 뜰'에 해당되는 것입니다. 주님은 바로 당신이 택하고 가까이 오게 하신 사람을 다른 곳이 아닌 주의 뜰, 즉 예배의 현장에 있게 하시는데, 그것이 복이 있다는 것입니다.

성막의 구조 중에서 지성소와 성소가 있는 성막 말고 울타리로 쳐 있는 뜰이 있습니다. 그 울타리는 100×50규빗(50×25미터)의 사이즈고, 높이는 5규빗(2.5미터) 정도입니다. 400평이 조금 안 되는 공간 한 가운데 22평쯤 되는 성막이 있는데, 성막을 제외한 나머지 공간이 바로 뜰에 해당합니다.

그런데 보통 성전의 뜰은 아주 무시하기 쉽습니다. '성전 뜰만 밟고 간다'는 말 때문입니다. 성경에 나오는 말이 아니면서도 성경 말씀만큼이나 영향력을 주는 말 중에 하나입니다. 이 말이 잘못된 표현은 아닙니다. 오히려 예배 자체로 들어오지 못하고 그저 몸만 왔다 가는 잘못된 예배를 경고하는 아주 적절한 말입니다. 그런데 이 말 때문에 부작용이 생겼습니다. 성전 뜰을 아주 하찮게 보는 부작용 말입니다. 성전 뜰을 예배와 상관이 없는, 아무나 밟을 수 있는 곳으로 보는 부작용 말입니다. 이 말 때문에 성전 뜰까지 폄하해서는 안 됩니다. 분명한 것은, 그 뜰도 성전의 아주 중요한 부분 중에 하나라는 사실입니다. 거기에도 예배의 중요한 메시지가 있다는 것을 기억해야 합니다.

성막의 뜰에 서는 은혜

보통 성막을 말할 때 그것을 이루는 다섯 가지 요소가
있다고 말합니다.

1. 성막: 벽과 덮개와 휘장

2. 집기들: 언약궤를 비롯한 여러 가지

3. 뜰과 울타리

4. 성막을 섬기는 사람들: 제사장들

5. 제사와 예배의 진행

우리는 뜰과 울타리가 바로 이 성막의 다섯 요소 가
운데 들어 있다는 것에 주목해야 합니다. 그러므로 그
성막의 뜰에 선다는 것은 아주 중요한 의미가 있는 것
입니다. 그것은 바로 예배의 현장에 서 있다는 뜻입니

다. 다른 것들이 예배의 내용, 기능을 말하는 것이라 한다면, 성막의 뜰은 예배의 현장을 말하는 것입니다.

예배의 형태가 아무리 다양해도, 예배의 현장과 예배의 현장이 아닌 것은 분명히 구분됩니다. 예배의 현장은 예배를 드리기 위한 기본 요소입니다. 진짜 예배가 되려면, 그 자리가 예배의 현장이 되어야 합니다. 따라서 어떤 형태든지 예배의 현장에 서 있다는 것은 정말 복된 것입니다.

우선, 그것은 거기까지 왔다는 그 자체가 축복입니다. 시편 말씀을 통해 이미 확인한 것처럼, 하나님이 택하시지 않으면 거기에 올 수 없습니다. 성전 뜰은 아무나 밟는 곳이 아닙니다. 뜰만 밟고 간다고 하니까 누구나 올 수 있는 곳이라고 생각하기 쉬운데, 절대 그렇지 않습니다. 분명한 것은, 뜰은 5규빗(2.5미터) 높이의 울타리로 구별되어 있고, 들어오는 입구도 비록 20규빗(10미터)의 넓은 문이기는 하지만, 열리고 닫히는 문이 달려 있습니다. 즉, 아무나 들락날락하는 곳이 아니라는 것입니다.

그러면 누가 올 수 있습니까? 앞에서 성막의 은 받침을 이야기하면서 언급했지만, 예배는 성도만이 드릴 수 있는 것입니다. 그러니까 성막의 뜰, 예배의 현장에는 '하나님의 선택된 백성'만 들어올 수 있다는 것입니다. 그것이 예배의 현장입니다. 그러므로 엉겁결에 끌려온 것이 아니라 정말 예배를 드리러 온 것이 맞다면, 자신이 예배의 자리에 와 있다는 것이 하나님의 선택을 받은 것임을 분명하게 자각할 필요가 있습니다. 그렇습니다. 하나님의 선택하심을 받은 사람은 정말 복된 사람입니다.

둘째, 그가 예배의 자리에 와 있다는 것은 하나님이 그를 가까이하겠다고 하신 것이기에 복인 것입니다. 예배의 자리, 그 뜰에 서 있다는 것은 하나님과 아주 가까이하는 것을 의미합니다. 하나님으로부터 멀어지는 것은 반항입니다. 요나가 니느웨가 아닌 다시스로 멀어진 것처럼 말입니다. 시편 65편을 보면 분명히 '가까이 오게 하사'라고 되어 있습니다. 예배는 하나님이 이리로 가까이 오라고 부르시고, 가까이 오게 하심으로 가능한 것입니다. 그래서 축복입니다. "하나님께 가까이함이 내게 복이라"(시 73:28)라는 말씀처럼 하나님과 가까이 있는 것이 복이기 때문입니다. 어떤 것보다도 최고의 축복은 하나님과 가까이하는 것입니다.

죄가 왜 무섭습니까? 왜 그게 저주가 됩니까? 여러 가지 이유가 있지만, 그것 때문에 하나님과 자꾸 멀어져서 그렇습니다. 고난이 어떻게 축복이 됩니까? 그것 때문에 하나님 앞에 매달리다 보니 하나님과 가까워지는 것입니다. 이게 가장 큰 축복이 되는 것입니다.

제가 잘 아는 찬양 사역자 한 분이 찬양을 인도하면서 거의 단골처럼 하는 멘트가 있습니다. 하나는, "여호와로 인하여 기뻐하는 것이 너희의 힘이니라"(느 8:10)라는 말씀이고, 또 다른 하나는, "하나님께 가까이함이 내게 복이라"(시 73:28)라는 말씀입니다. 처음에는 신선하고 좋았는데, 너무 자주 하니까 약간 식상한 느낌이 들었습니다. 그런데도 계속하니 어느 순간부터 그 말씀의 감동이 새롭게 다가오게 되었습니다. 그러면서 깨달았습니다. 그것이 예배의 축복의 모든 것이라고 말입니다.

정말 그렇습니다. 하나님으로 인해 기뻐하는 것이 우리의 힘이고, 하나님을 가까이하는 것이 복입니다. 이것이 예배의 모든 것입니다. 가장 실제적인 예배의 축복인 것입니다.

셋째, 그 뜰, 즉 예배의 현장에서 너무나도 아름다운 일이 일어나기에, 그 현장에 있는 것이 복이 되는 것입니다. 성막의 뜰은 그냥 뜰이 아닙니다. 그곳은 바로 예배의 역사가 일어나는 예배의 현장입니다. 그런데 바로 그 예배의 현장에서 일어나는 일이 너무나도 아름답고 귀하기에, 그래서 그 주님의 뜰에 살게 하신 자는 복이 있는 것입니다.

제가 처음 교회에 들어갔을 때, 그때 그 교회 안의 따뜻함과 포근함 그리고 설명할 수 없는 감동은 지금도 잊을 수가 없습니다. 비록 어색했지만, 어쩌면 그것 때문에 계속 그 안에 머무른 것이 아닌가 할 만큼 좋은 기억이었습니다. 저는 종종 그때 제가 교회 안에 들어갔을 때, 선생님이 인격적으로 대접해 주셔서 너무나 좋았고, 그래서 제가 교회를 계속 다니게 되면서 이렇게 목사까지 되었다고 말하는데, 사실은 그것보다 처음 그곳에 들어갔을 때의 그 감동이 있었기에 그랬던 것입니다. 정말 따뜻하고 포근하고 아름다웠던 그 느낌, 제가 쑥스러움을 많이 타서 낯선 곳에 처음 가면 정말 적응을 못하고 힘들어하는 편인데, 그런 마음도 물론 있었지만, 그것을 이길 만큼 그렇게 그곳이 참 좋았습니다.

그것은 결코 그때가 겨울 방학 기간이어서, 밖은 춥고 안은 따뜻해서만은 아니었습니다. 그것은 바로 그 안에서 일어나고 있는 일, 그 역사 때문에 저의 영이 느끼는 감동이었습니다. 주의 뜰에서만 누릴 수 있는 감동, 그것은 바로 그곳에서 일어나는 그 아름다운 역사로 인해 가능한 것이었습니다.

그러면 그 아름다운 일은 어떤 것들입니까? 주의 뜰, 즉 예배의 현장에서 일어나는 그 아름다운 역사는 무엇입니까? 그것은 구체적으로 뜰에 있는 두 가지 집기, 즉 '번제단'과 '물두멍'입니다. 거기에 담겨 있는 영적

인 의미입니다. 모든 성막의 집기가 그렇듯이 번제단
과 물두멍도 영적인 의미, 특히 예배의 역사에 담긴 의
미를 갖고 있는데, 바로 그것이 그 예배의 현장을 그렇
게 아름답게 하는 역사인 것입니다. 이에 대한 내용은
다음 장에서 살펴볼 것입니다.

질문

1. 당신은 얼마나 자주 '주의 뜰'에 머물고 있습니까?

2. '하나님의 선택된 백성만 예배의 현장에 들어올 수 있다'는 사실
   은 당신에게 어떤 감동을 줍니까?

3. 하나님에게 가까이하기 위해 당신이 멀어져야 할 삶의 영역들이
   있다면 무엇입니까?

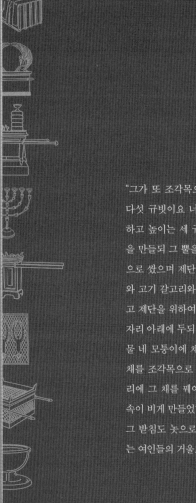

9. 번제단, 물두멍
삶으로 이어지는
예배의 회복

"그가 또 조각목으로 번제단을 만들었으니 길이는
다섯 규빗이요 너비도 다섯 규빗이라 네모가 반듯
하고 높이는 세 규빗이며 그 네 모퉁이 위에 그 뿔
을 만들되 그 뿔을 제단과 연결하게 하고 제단을 놋
으로 쌌으며 제단의 모든 기구 곧 통과 부삽과 대야
와 고기 갈고리와 불 옮기는 그릇을 다 놋으로 만들
고 제단을 위하여 놋 그물을 만들어 제단 주위 가장
자리 아래에 두되 제단 절반에 오르게 하고 그 놋 그
물 네 모퉁이에 채를 꿸 고리 넷을 부어 만들었으며
채를 조각목으로 만들어 놋으로 싸고 제단 양쪽 고
리에 그 채를 꿰어 메게 하였으며 제단은 널판으로
속이 비게 만들었더라 그가 놋으로 물두멍을 만들고
그 받침도 놋으로 하였으니 곧 회막 문에서 수종드
는 여인들의 거울로 만들었더라"(출 38:1-8).

앞에서도 여러 번에 걸쳐 이야기했지만, 성막은 절대로 하나님을 위한 것이 아닙니다. 이것은 하나님이 당신의 백성을 위해 베푸신 은혜이고 축복입니다. 정말 하나님의 백성이 그분의 백성답게 살 수 있도록 주신 지침인 동시에, 하나님이 당신의 사랑하는 자녀들에게 주신 최고의 선물이고 축복인 것입니다. 그것이 성막이고, 그것이 예배입니다.

이 장은 성막의 시리즈 중 마지막 부분으로서, 앞 장의 내용에 이어서 뜰에 대해 살펴볼 것입니다. 성막의 이야기는 가장 깊은 지성소부터 시작해서 성소 그리고 뜰로 전개되기 때문입니다. 물론 백성의 입장에서는 성막에 갈 때 뜰에서부터 시작해서 성소와 지성소의 방향으로 가는 것입니다. 하지만 참된 예배의 이야기는 그 방향이 다릅니다. 사람으로부터 시작해서 하나님 앞에 올라가는 것으로 끝나는 것은 참된 예배가 아닙니다. 가장 깊은 곳, 거룩한 곳까지 가야 예배라고 한다면, 이 성막은 하나님을 위한 곳이 되고 맙니다. 진짜 예배는 그렇게 지성소의 깊은 곳까지 가는 것으로 끝나는 것이 아니라, 거기에서 주신 은혜로 온전한 축복을 받아서 삶의 자리까지 힘 있게 나아가는 방향이 되어야 합니다. 예배자가 받은 은혜로 삶을 바꾸어야 진짜 예배라는 것입니다. 그래서 성경은 성막을 말하면서 지성소부터 시작해서 뜰로 전개하는 것입니다.

앞 장에서 우리는 "주의 뜰에 살게 하신 사람은 복이 있나이다"라는 시편 65편 4절의 말씀이 어떻게 복이 되는지를 말하면서 세 가지를 나누었는데, 그중 세 번째는 그곳에서 정말 아름다운 역사가 예배자인 우리에게 일어나기에 복이 된다고 했습니다. 그러면서 그 역사가 무엇인지는 바로 그 뜰에 있는 두 개의 기구인

'번제단과 물두멍' 가운데 들어 있다고 했습니다.

뜰에서 벌어지는 모든 역사, 그것은 우리를 사랑하시는 하나님의 그 사랑의 눈길 가운데 일어나는 바로 그 역사입니다. 즉, 우리가 드리는 예배의 모든 것을 보시는 하나님의 눈에서는 정말 하트가 뿅뿅 나오고, 꿀이 뚝뚝 떨어지고 계신 것입니다. 그것이 바로 뜰 가운데서 일어나는 번제단의 역사요, 물두멍 가운데 담긴 비밀인 것입니다. 그것을 구체적으로 살펴보겠습니다.

번제단, 삶을 올려 드리는 자리

먼저, 거기에는 번제단이 있습니다. 번제단의 크기는 5×5규빗(2.5×2.5미터)이고, 높이는 3규빗(1.5미터)입니다. 놋으로 만들었으며, 네 모퉁이에는 뿔이 있습니다. 그리고 바닥에는 쇠 그물이 있어 불을 피우게 되어 있습니다. 그리고 옆으로는 이동할 수 있는 채가 달려 있습니다.

번제단은 말 그대로 번제를 드리기 위한 단입니다. 하나님은 왜 번제를 드리라고 하시는 걸까요? 그리고 그것이 그렇게 중요한 것이라면, 옛날 신앙의 선배들이 드렸던 그 번제를 왜 지금 우리는 드리지 않는 걸까요? 번제라는 것은 무엇이며, 거기에 담긴 영적 비밀은 무엇일까요?

분명한 것은, 번제는 결코 완전한 예배가 아니라는 것입니다. 하나님이 고기를 받고 싶어 하시거나 그 바비큐 냄새를 좋아하시기에 번제를 드리라고 한 것이 아닙니다. 비록 '여호와께 향기로운 냄새'라는 말이 있다 할지라도, 절대 그것이 하나님이 그 고기의 타는 냄새를 좋아하신다는 뜻이 아닙니다. 하나님은 영이기에 그런 물리적인 것을 받을 필요가 없으십니다. 어떤 것도 그 자체로는 하나님 앞에 향기로운 냄새가 될 수 없다는 것입니다.

그럼에도 번제를 드리라고 한 것은 그 속에 그 당시 사람들이 가장 잘 이해할 수 있는 온전한 예배의 메시지를 담아 두셨기 때문이고, 또 예수 그리스도의 영적인 중보가 있기까지는 불완전하지만 그런 식으로 예배를 드려야 하기 때문입니다. 그래서 선지자들의 메시지를 보면, 번제를 드리는 행위가 아니라 그 마음, 영적인 태도, 하나님과의 관계가 중요하다고 그렇게 강조하고 있는 것입니다.

그러면 번제에 들어 있는 영적인 메시지는 무엇일까요? 한마디로 '생명을 올려 드리는 것'입니다. 더 정확히 말하면, '삶을 올려 드리는 것'입니다. 번제는 소제물을 빼놓고는 짐승을 제물로 잡아 드립니다. 그런데 사실 그 짐승은 번제를 드리는 자신입니다. 자기가 그 짐승에게 안수하게 되어 있기 때문입니다. 안수를 통해 나 자신을, 내 생명을, 내 삶을 그 제물에 집어넣는 것입니다. 곡식 제물도 마찬가지입니다. 나의 노동, 나의 삶을 드린다는 것입니다. 그 제물을 불로 태워 드리는 것은 바로 자신의 삶을 올려 드리는 것입니다. 자신의 생명을 올려 드리는 것입니다.

번제라는 말의 히브리어는 '올라'인데, 그 뜻은 '올라가다'입니다. 번제의 중요한 포인트는 태우는 것이 아니라, 그 연기가 하늘로 올라가는 것입니다. 다른 것이 아니라, 내 삶이 태움을 통해 하나님에게 올려지는 것입니다. 그 생명이 태워지면서, 그 삶이 태워지면서 그렇게 올라가는 것입니다.

예배는 언제나 이렇게 올라감 그 자체입니다. 그래서 예배의 현장에 있는 것이 복된 것입니다. 자신의 생명, 즉 자신의 삶, 생각, 느낌 그리고 자신의 모든 것이 그렇게 하나님에게로 올라가는 것, 그것이 예배입니다. 그러므로 어떤 예배든 예배의 현장에 있을수록 그의 삶이 올라가는 것입니다. 그 삶의 가치가, 의미가, 그 삶의 모든 것이 올라가는 것입니다. 이것이 중요합니다. 세상의 장소들은 아주 많은 곳이 '내려감'입니다. 술집도, 도박장도, 아니면 직장과 일터조차도 그 자체로는 대부분 내려감입니다. 그 일터가 예배가 된다면 달라지지만, 직장이나 일터가 그 자체뿐이라면 그 결론은 지침이고 허무함입니다. 그래서 계속 그곳에 있으면, 결론적으로 바닥으로 가는 것입니다. 가치와 의미 등, 그 삶 전체의 수준이 바닥이 되는 것입니다. 거기에는 허무함밖에는 남는 것이 없습니다. 아름다움이나 가치는 없다는 것입니다. 만일 예배를 드렸음에도 올라가지 못하고 처지고 있다면, 그것은 예배를 드린 것이 아니라 일한 것입니다. 예배를 일처럼 여길 수 있다는 것은 우리가 쉽게 범할 수 있는 것입니다. 억지로 드리는 것의 경우가 그렇습니다. 저 같은 목회자에게는 이러한 위험이 더욱 크게 도사리고 있습니다.

그렇다면, 그렇게 올라가면 어떻게 되는 걸까요? 그 비밀을 번제단의 뿔이 말해 주고 있습니다. 번제단의 뿔은 히브리어로 '케렌'이라 하는데, 이는 '영광, 광채'라는 뜻입니다. 예배의 현장에 있었던 자, 곧 예배를 드린 자의 삶은 올라가는 삶이 되고, 결론적으로 그의 삶은 영광과 광채를 나타낸다는 것입니다.

"모세가 그 증거의 두 판을 모세의 손에 들고 시내 산에서 내려오니 그 산에서 내려올 때에 모세는 자기가 여호와와 말하였음으로 말미암아 얼굴 피부에 광채가 나나 깨닫지 못하였더라"(출 34:29).

여기서 나온 '광채'가 바로 '케렌', 즉 제단 뿔에 해당하는 단어입니다. 왜 모세의 얼굴에서 광채가 났습니까? 그가 여호와와 말했기 때문에, 곧 예배를 드렸기 때문입니다. 그렇습니다. 바로 그 광채, 모세가 하나님과 함께 있었기에 얼굴에 났던 그 광채가 예배를 드리는 자, 예배의 현장에 있는 자의 얼굴에 나타나게 되어 있는 것입니다. 그래서 예배의 현장, 주의 뜰에 있기만 해도 복이 있는 것입니다.

그러면 어떻게 주의 뜰에 있는 자, 즉 예배의 현장에 있는 자에게 그런 광채가 나게 되는 걸까요? 그 대답은 바로 그 '광채', 곧 '케렌'이라는 말이 상징하는 것 속에 담겨 있습니다. '케렌'은 '뿔'이라는 말인데, 이것은 곧 '권위와 능력'을 의미합니다. 그래서 광채가 나는 것입니다. 사람이 정말 아름다우려면 권위가 있어야 합니다. 능력이 있어야 합니다. 능력이 아름다움입니다. 스데반을 보십시오. 그는 성령 충만했고, 충만은 능력으로, 능력은 아름다움으로 나타났습니다. 이게 바로 진짜입니다. 예배 가운데 하나님 안에서 바로 하나님이 당신의 자녀에게 주시는 그 영적인 권위와 능력을 받을 수 있기에, 그 사람에게서 광채가 나는 것입니다. 이것이 예배입니다.

번제단의 뿔에 대한 아주 중요하고 의미 있는 이야기가 하나 있습니다. 그것은 어떤 사람이 범죄해서 죽을 수밖에 없는 상황에 처했을 때, 바로 이 제단의 뿔을 잡으면 그에게 내려질 사형의 집행이 유예가 되는 제도입니다. 물론 고의적으로 사람을 죽인 자나 그런 정도의 죄악의 경우는 아무리 번제단의 뿔을 잡아도 용서받지 못하지만, 그렇지 않은 경우에는 도피성에 피한 것처럼 형 집행을 유예 받을 수 있는 바로 그런 제도입니다.

이 번제단의 뿔을 잡았을 때 구제를 받는 것이 언제부터 시행되었는지는 사실 정확하지 않습니다. 실제로 그것을 처음 사용한 사람은 다윗의 아들 아도니야인데, 자기가 왕이 될 줄 알고 설치다가 솔로몬이 왕이 된 후 살기 위해 제단의 뿔을 잡았던 내용이 성경에 기록되어 있습니다. 이렇게 번제단의 뿔을 잡는 것이 언제부터였는지도 정확하지 않지만, 어떤 이유로 형 집행이 유예되는 것인지에 대한 이유도 정확하지 않습니다. 다만 번제단 뿔에 제물의 피를 바르기 때문에 그것이 속죄와 연관이 있다고 보는 해석이 있을 뿐입니다.

제가 볼 때는 그것이 '케렌', 즉 하나님이 주시는 그 능력과 권위인 것과 관계있습니다. 즉, 제단 뿔을 잡는다는 것은 바로 하나님의 능력과 권위에 접붙임 된다는 뜻입니다. 그러니까 그가 비록 세상의 법 가운데 실수하고, 그래서 죄인이 되었고, 그래서 처벌을 받아야 하는 상황이지만, 그 제단 뿔을 잡는 순간 그는 하나님의 자녀로서 하나님의 통치 가운데만 속하고, 하나님의 자녀의 권세를 갖게 되므로 세상이 그를 판단하거나 처벌할 수 없는, 그야말로 세상 가운데 있으나 치외법권에 속하게 되는 것입니다. 도피성과 동일하게 말입니다.

바로 이것이 번제단의 영적인 역사를 아주 정확하게 보여 주고 있습니다. 예배하는 순간 우리는 세상에 속한 사람이 아닙니다. 하나님에게 우리의 삶을 올려 드

리고 우리의 전 존재를 가지고 전심으로 예배하는 순
간, 하나님이 우리를 받으시고, 우리는 하나님밖에 보
이지 않고, 하나님의 그 시선과 통치 가운데 들어가는
순간 우리는 세상이 손댈 수 없는 거룩에 속한 사람이
되는 것입니다. 그래서 예배자는 세상이 함부로 판단
할 수 없습니다. 함부로 무시하거나 공격할 수 없습니
다. 그는 예배드리는 순간 거룩의 경지로 올라가기 때
문입니다. 다른 차원의 사람이 되기 때문입니다. 하나
님의 권위와 붙어 있기 때문입니다.

그렇습니다. 이 번제단의 역사는 거룩의 역사입니
다. 거룩은 세상 것과 분리해서 하나님에게로 올라가
는 것입니다. 그래서 주의 뜰에서 일어나는 아름다운
역사, 그것은 바로 '거룩의 역사'인 것입니다.

물두멍, 거룩과 성결이 임하는 자리

그리고 또 하나 있는 것이 '물두멍'입니다. 이 물두멍

은 그 모양이나 크기가 어떤지를 알 수 없습니다. 솔로
몬의 성전에 있는 물두멍은 열두 마리의 소가 받치고
있는 '놋 바다'였습니다. 하지만 성막에 있는 것은 그
것과는 비교가 되지 않는 아주 작은 것이었을 것입니
다. 크기나 모양은 모르지만, 그것이 무엇인지는 정확
히 알 수 있습니다. 그것은 바로 씻는 물을 담아 둔 곳
입니다. 즉, 씻는 곳이라는 것입니다. 이는 성결의 역사
를 말합니다.

예배의 현장은 바로 씻는 곳입니다. 예배의 현장
에 있는 사람은 씻김을 받는 것입니다. 예배의 현장
에 있기만 하면 자신도 모르게 계속 씻기는 것입니
다. 그래서 성결해지는 것입니다. 자기도 모르게 생
각이 깨끗해지고, 영과 마음이 깨끗해지는 것입니다.
그래서 예배의 현장, 곧 주의 뜰에 있는 것이 복이 되
는 것입니다.

그렇다면 무엇으로 씻기는 걸까요? 하나님의 약속
과 꿈으로 씻기는 것입니다. 이전에는 꿈도 꾸지 못했
던 아름다움을 바라보면서, 자신의 내면에 있는 하나

님이 주신 고귀하고 아름다운 것을 드러내면서, 여전히 나를 바라보고 계시는 하나님의 그 사랑의 눈길과 만지심을 경험하면서 우리는 깨끗하고 성결하게 씻기는 것입니다.

물두멍에는 주목할 만한 이야기가 있습니다.

> "그가 놋으로 물두멍을 만들고 그 받침도 놋으로 하였으니 곧 회막 문에서 수종드는 여인들의 거울로 만들었더라"(출 38:8).

그 물두멍을 다른 것이 아니라 회막 문에서 수종드는 여인들의 거울로 만들었다는 것입니다. 놋 거울의 재질이 아주 고급스러우니까 그것으로 물두멍을 만들었다고도 할 수 있지만, 굳이 '회막 문에서 수종드는 여인들의 거울'을 드러내어 이야기한 이유가 무엇일까요? 물론 그렇게 감동스럽게 헌신한 이야기를 소개한 것일 수도 있지만, 저는 그 '놋 거울'과 물두멍의 이미지가 정말 기가 막히게 연결된다고 생각합니다. 놋 거울은 여인들이 자신의 아름다움을 위해 사용하던 것입니다. 그것을 하나님에게 드렸을 때, 그것이 하나님의 아름다움을 위해 사용하는 도구가 되는 것입니다. 다시 말해, 자신의 얼굴이 비치던 그 놋 거울이 변해서 물두멍이 되었고, 거기에 물이 담기고 놓였을 때 거기에는 파란 하늘이 비치고 있었던 것입니다.

예배는 그런 것입니다. 세상의 아름다움이 아닌 하나님의 아름다움을 추구하는데, 하나님의 꿈이, 하나님의 기대가, 하나님의 나를 바라보시는 변치 않는 시선과 그 사랑하심이 나를 씻기는 것입니다. 보혈로 씻기는 것입니다. 내가 실패하고 추하고 더럽게 나아올지라도, 예배하면서 주 앞에 회개할 때 쏟아지는 그 눈물로 내가 씻기는 것입니다. 그것은 눈물이 아니라 하나님의 사랑입니다. 하나님이 당신의 은혜와 사랑으로 우리를 씻기시는 것입니다. 돌아온 탕자의 비유가 그것을 잘 보여 줍니다.

물두멍에 담긴 물은 하늘이 비친 물이고, 그것이 바로 우리를 씻기는 것임을 알아야 합니다. 그렇습니다.

우리는 하나님의 꿈으로 씻깁니다. 우리는 스스로의 노력으로 깨끗해진 줄 알지만, 여전히 나를 사랑하고 나에 대한 기대를 포기하지 않으시는 한결같은 하나님의 사랑으로 씻기는 것입니다.

분명하게 말하지만, 예배의 현장은 있기만 해도 영적으로 깨끗해지는 자리입니다. 그래서 예배의 현장, 그 주의 뜰에서 일어나는 또 하나의 역사는 바로 '성결'입니다. 그래서 복이 있는 것입니다.

그렇습니다. 예배는 바로 이 두 가지의 역사가 일어나는 곳입니다. 그리고 이 두 가지의 역사는 바로 십자가의 역사입니다. 그래서 예배의 현장, 즉 주의 뜰은 십자가의 역사가 일어나는 곳입니다. 그래서 모든 예배의 자리는 바로 '갈보리, 즉 골고다'인 것입니다. 주의 십자가가 서 있는 현장, 골고다, 그곳은 누구든지 와서 예배하는 순간 그 삶이 하나님에게 올려지면서 거룩해지고, 그 모든 것이 하나님의 은혜로 씻기어 성결하게 되는 축복의 역사가 일어나는 곳입니다.

우리는 모두 이러한 주의 뜰에 살고 있는 사람들입니다. 우리는 예배 때마다 이 거룩과 성결의 역사를 누려야 합니다. 그럴 때 우리 삶이 아름답고 복될 수 있습니다.

질문

1. 성막이 하나님이 아닌 성도를 위한 곳인 이유는 무엇입니까?

2. 하나님에게 우리의 삶을 올려 드린다는 것은 구체적으로 무엇을
   의미합니까?

3. 예배를 통해 씻김의 역사, 곧 성결의 은혜를 경험한 적이 있다면
   언제입니까?